Das Buch

Das ist die Geschichte des Mannes, der die zweite Stimme kaufte, welche Willy Brandt rettete. Die Union wollte 1972 den Bundeskanzler mit einem konstruktiven Misstrauensvotum aus dem Amt jagen und war sich ihrer Mehrheit ziemlich sicher. Sie hatte die Rechnung ohne das MfS gemacht: Die Auslandsaufklärung der DDR sorgte dafür, dass Brandt Kanzler blieb. Das und was die Abteilung X der Hauptverwaltung Aufklärung (HVA) sonst noch besorgte, erzählt hier Horst Kopp, der ihr seit deren Gründung 1966 angehörte.

Der Autor

Horst Kopp, geboren 1933 in Soldin in der Neumark, aufgewachsen nach dem Krieg in einem Dorf nördlich von Berlin, Schriftsetzerlehre, hauptamtlicher FDJ-Funktionär, seit 1960 beim MfS. Nach dem Besuch der Schule der Hauptverwaltung Aufklärung in Belzig in der Abteilung X tätig, zuständig für Desinformation, aktive Maßnahmen und Werbung/Führung von inoffiziellen Mitarbeitern. In seinen besten Zeiten steuerte er 27 inoffizielle Mitarbeiter (IM). 1985 geriet er in Verdacht, für die Gegenseite zu arbeiten. Nach Untersuchung und Haft Versetzung als Offizier im besonderen Einsatz (OibE) in die Abteilung Inneres nach Pankow, später des Magistrats zur Bearbeitung von Ausreiseanträgen.

HORST KOPP

DER DES-INFOR-MANT

Erinnerungen eines DDR-Geheimdienstlers

Das Neue Berlin

Inhalt

»Schönes Wetter«

»Horst, zum Chef. Sofort!« Ich lege den Hörer auf. Wenn Rabe derart kurz angebunden ist, droht meist Ärger. Was kann da wieder schiefgelaufen sein? Der Abteilungsleiter befiehlt in der Regel nur zu sich, wenn etwas in die Hose gegangen ist. Ich verspüre keine Lust, darüber nachzudenken, was geschehen sein könnte, welche Quelle möglicherweise gefährdet oder gar aufgeflogen oder welche Nachricht, die wir in einem Westmedium platzieren wollten, nicht gedruckt worden ist. Alles denkbar. In der Vergangenheit lag ich mit meinen Vermutungen oft falsch, der Schuss kam stets aus einer Ecke, an die ich nicht gedacht hatte. Warum also sich unnötig das Hirn zermartern.

Bin ich verunsichert? Bekomme ich nach einem solchen Anruf weiche Knie? Nein, dazu arbeite ich schon zu lange bei der Aufklärung, hier im Referat III der X. Unsere Abteilung ist eine der wenigen der etwa zwanzig, die dem Chef der Hauptverwaltung Aufklärung direkt unterstellt sind. Das unterstreicht unsere Bedeutung. Wir sind zuständig für politisch-aktive Maßnahmen im Operationsgebiet, also in Westberlin und in der Bundesrepublik. Wir bearbeiten zum Beispiel Journalisten, um mit ihrer Hilfe bestimmte Nachrichten in die Öffentlichkeit zu bringen. Auf diese Weise erzeugt man Stimmung gegen oder für eine Sache oder Person oder setzt ein Thema in den Medien, das wir in der DDR aus politischen Erwägungen im Westen behandelt wissen wollen. Wir führen unter den Journalisten nicht wenige Quellen als inoffizielle Mitarbeiter, wobei nicht jeder von ihnen weiß, für wen er arbeitet. Viele glauben für eine westeuropäische oder US-amerikanische Institution tätig zu sein, von der sie Geld dafür beziehen, dass sie bestimmte Nachrichten lancieren oder uns informieren, was in ihrer Redaktion geplant wird, welcher Kollege an welchem Projekt sitzt und dergleichen.

Nicht wenige dieser inoffiziellen Mitarbeiter sind unter »fremder Flagge« geworben worden – übrigens eine Spezialität von mir. Ich habe einige IM auf diese Weise gewonnen und nutze sie, um Informationen für die Aufklärung zu gewinnen und um spezielle Informationen aus unserem Hause in ihrer Zeitung oder Zeitschrift, in Rundfunk- und Fernsehsendern unterzubringen. Oder ich bin den »Kollegen« bei ihren Recherchen behilflich. Wenn sie etwa irgendwelche Persönlichkeiten, Einrichtungen oder Institutionen in der Bundesrepublik bloßstellen oder attackieren wollen, liefern wir gern, so vorhanden, gewisse Unterlagen. Solches »Enthüllungsmaterial« ist besonders gefragt, weshalb einige, die durchaus wissen, aus welchen Arsenalen ihre Munition stammt, regelmäßig bei uns anklopfen.

So beeinflussen wir innenpolitische Diskussionen in der BRD, die wiederum Konsequenzen für die Politik der Bundesrepublik nach innen wie außen zeitigen. Die Hauptverwaltung Aufklärung des MfS der DDR nimmt also intelligent Einfluss auf die Politik im Westen. Indirekt, aber durchaus spürbar. Wir betrachten das keineswegs als Einmischung in die inneren Angelegenheiten eines fremden Staates. Trotz Betonung der Eigenständigkeit der DDR gehen wir unverändert davon aus, dass die deutsche Zweistaatlichkeit nur ein historischer Übergang ist. Die deutsche Nation besteht fort, auch wenn die westdeutschen Separatisten, im Bunde mit den Westalliierten nach dem Kriege das Land geteilt und den Kapitalismus restauriert haben. Die Gründung der DDR war lediglich ein Reflex auf die Spaltung, bei uns entsteht die gesellschaftliche Alternative zu jenem System, aus dem der Faschismus kroch und in modifizierter Form jederzeit wieder entstehen kann. Deshalb verstehen wir uns als eine Art Brückenkopf des Fortschritts in Deutschland, als Zentrum der Revolution auf deutschem Boden. Wir sind der bessere, der progressive Teil, von dem aus das Land eines Tages wieder vereint und der Kapitalismus überwunden werden wird. Alles, was diesem strategischen Ziel nützt, ist darum gerechtfertigt. Vordringlich dabei bleibt natürlich die Sicherung des Friedens. Durch Deutschland läuft schließlich die Front des Kalten Krieges, NATO und Warschauer Vertrag schauen sich hier gegenseitig in die Gewehrläufe. Die beiden deutschen Staaten gelten als militärische und nachrichtendienstliche Bollwerke der beiden Pakte und werden von der jeweiligen Führungsmacht auch so behandelt …

Ich lege den Notizblock wieder zurück in meinen Schreibtisch. Es hinterlässt keinen guten Eindruck, wenn man sich bei einer Dienstbesprechung Aufzeichnungen macht. Wir sind ein Geheimdienst, auch wenn wir uns nicht so bezeichnen, offiziell sind wir »Schild und Schwert der Partei«. Wir wirken konspirativ, die

Öffentlichkeitsarbeit ist so gut wie abgeschafft. Außerdem bin ich erst Ende dreißig, da arbeitet der Kopf noch exzellent. Mein Gedächtnis gleicht ohnehin dem eines Elefanten. Noch einmal ein kontrollierender Blick auf die Schreibtischplatte. Es liegt nichts mehr dort, was ich wegschließen müsste. Die Schubfächer sind versperrt, der Stahlschrank mit den Unterlagen auch. Alles o. B.

Bei Rolf Wagenbreth, Abteilungsleiter seit Gründung der X, sitzt bereits Rolf Rabe. Er ist Wagenbreths Stellvertreter und mein Referatsleiter. Der aus Frankfurt/Oder in die Berliner Zentrale gerufene Wagenbreth hat das zu Beginn der 60er Jahre initiierte Sonderreferat VII/F »Auswertung und Information« aufgebaut und geleitet. Daraus entstand vor einiger Zeit die Abteilung X. Hier arbeiten drei, vier Dutzend Leute von der Abwehr, Journalisten, Historiker und andere Fachleute, die aus der ganzen Republik zusammengeholt worden sind. Im Referat 1 beschäftigen sie sich mit der NATO und der »Dritten Welt«, im Referat 2 mit dem Innenleben der Bundesrepublik. Die Referate 3 und 4 sind im Westen operativ tätig. Referat 5 hat die Zentralen der gegnerischen Geheimdienste im Visier, und das Referat 6 sorgt für den personellen Nachwuchs.

Unsere Abteilung X ist ein Instrument der psychologischen Kriegsführung. Und deshalb noch geheimer als geheim. Nur im neunten Stock des HVA-Blocks – der Chefetage der Aufklärung – hat man von unserer Existenz Kenntnis. Im ganzen Haus und für alle Mitarbeiter des MfS gilt: Jeder darf nur so viel wissen, wie er zur Durchführung seiner Aufgabe wissen muss. Oder wie der Volksmund sagt: Was ich nicht weiß, macht mich nicht heiß. Selbst wenn zwei in einem Zimmer arbeiten, weiß der eine vom anderen nicht, womit er sich beschäftigt. Die Informationen verlaufen vertikal, nicht horizontal. Und irgendwo oben fließen sie zusammen, um dann – entsprechend gefiltert und dosiert – wieder nach unten gegeben zu werden. Das geschieht auch aus Gründen des Selbstschutzes: Sollte mal doch einer zum Verräter werden, kann er nicht viel mitteilen. Zumindest wenn er lediglich im unteren oder mittleren Teil der Hierarchie eingebunden war …

Die beiden nicken nur, als ich mich wie befohlen zur Stelle melde. Wagenbreth, nur wenig älter als ich, neigt seinen Kopf stumm in Richtung eines leeren Stuhls, was als Aufforderung zu verstehen ist, mich dorthin zu setzen. Ihre Gesichter blicken ernst drein. Das überrascht mich nicht: Im Dienst habe ich die beiden noch nie heiter erlebt. Selbst ihre Gesichter sind Verschlusssachen. Vom Wesen her aber ist Wagenbreth ein Bruder Leichtfuß, bierernst nimmt er die Sachen selten, mit denen er sich beschäftigt.

»Die Kacke ist mal wieder am Dampfen«, beginnt Wagenbreth und fragt, ob wir schon Nachrichten gehört hätten.

»Welche?«, erkundigt sich Rabe und erntet einen missbilligenden Blick seines Vorgesetzten.

»Natürlich die vom Klassenfeind«, sagt Wagenbreth. Die Unionsfraktion plane, Brandt wegzuputschen. Mit einem sogenannten konstruktiven Misstrauensvotum. Der Bundeskanzler müsse sich zur Wahl im Bundestag stellen, und falls er nicht die Mehrheit bekommen sollte, wäre er sein Amt los und der Oppositionsführer Barzel würde Kanzler werden.

»Das wäre in der Tat Scheiße«, sagt Rolf Rabe. Auch er hat inzwischen begriffen, dass ein sozialdemokratischer

Kanzler für die DDR besser ist als einer von den Konservativen mit Nazi-Vergangenheit. Das war selbst im Politbüro anfänglich nicht klar, als Willy Brandt 1969 mit Hilfe der FDP Bundeskanzler geworden war. Am Wesen des westdeutschen Staates – man sprach unverändert bewusst von *Westdeutschland* und nicht von der Bundesrepublik Deutschland, selbst in den Schulatlanten stand auf der Deutschlandkarte: Deutsche Demokratische Republik und Westdeutschland – würde sich dadurch nichts ändern. Westdeutschland bliebe auch nach dem Regierungswechsel ein imperialistischer Staat und ein wichtiger Partner der USA, die in Vietnam Krieg führten, kurzum: eine der wichtigsten Stützen der aggressiven NATO in Europa. Aber, so hatte Staats- und Parteichef Walter Ulbricht deutlich gemacht: Zum ersten Mal stünde ein ehemaliger aktiver Antifaschist an der Spitze der Bonner Regierung, kein Alt-Nazi wie sein Vorgänger Kurt Georg Kiesinger.

Als jener von Beate Klarsfeld wegen seiner braunen Vergangenheit demonstrativ geohrfeigt worden war, hatte man in der Abteilung X Beifall geklatscht. Seit Jahren halten wir über Dr. Ludwig Nestler, einem Historiker, der als Offizier im besonderen Einsatz für uns arbeitet, Verbindung zu der französischen Nazi-Jägerin und ihrem Mann Serge. Wir liefern ihnen Unterlagen und Informationen über belastetes Personal in der westdeutschen Führung. Dass sie allerdings dem einstigen NSDAP-Mitglied und nunmehrigen CDU-Vorsitzenden öffentlich ins Gesicht geschlagen hatte, war nicht von uns ausgedacht und beschlossen worden: Das war ausschließlich Beates Idee. Dies beteuerte jedenfalls Nestlers Führungsoffizier Wolfgang Mutz, der andere Stellvertreter Wagenbreths. Die Klarsfeld sei halt ein wenig exzentrisch. Mutz schien Sorge zu haben, dass ihm deshalb selbst Eigenmächtigkeit vorgehalten werden könnte, wenn er vorab von der Aktion auf dem CDU-Parteitag in Westberlin nicht nur gewusst, sondern Klarsfeld zu dieser Tat auch noch inspiriert hätte. Aber da war nichts, Mutz verfügte diesbezüglich über eine saubere Weste. Die 29-jährige Beate Klarsfeld hatte im Mai 1968 die Kanzlerattacke vor Studenten der Technischen Universität in Westberlin nachweislich angekündigt. Die Studenten nahmen das jedoch so wenig ernst wie Nestler oder Mutz. »Tu's doch, wenn du dich traust«, hatten die Kommilitonen im vollbesetzten Audimax gehöhnt. Ein halbes Jahr später landete ihre Hand tatsächlich im Gesicht des Nazi-Propagandisten des »Dritten Reiches«, schließlich arbeitete Kiesinger damals in der Rundfunkabteilung des Auswärtigen Amtes und war mehr als nur ein Mitläufer.

Das MfS hatte auch keine Ahnung von Klarsfelds Absicht, den in Köln unbehelligt lebenden Gestapo-Chef von Paris zu kidnappen und nach Frankreich vor ein Gericht zu bringen. Kurt Lischka wurde als Nazi-Verbrecher international gesucht, doch erstens lieferte die Bundesrepublik nicht aus (Lischka war in Frankreich 1950 in Abwesenheit verurteilt worden) und zweitens ließ die deutsche Justiz den ehemaligen SS-Obersturmbannführer in Ruhe, obgleich er für die Deportation von 40 000 Juden (und damit an deren Tod) verantwortlich war. Klarsfeld machte Lischka ausfindig, seine Entführung scheiterte 1971 allerdings, Friedrich Karl Kaul übernahm ihre Verteidigung vor dem Landgericht in Köln. Mehr konnte die DDR für sie nicht tun. Rechtsanwalt Kaul legte später jedoch entnervt sein Mandat nieder, Beate Klarsfeld war einfach nicht berechenbar …

Walter Ulbricht also schwor 1969 die Führung der DDR darauf ein, dass Willy Brandt ein engagierter Antifaschist gewesen war, weshalb in Nuancen eine andere Politik von Bonn zu erwarten sei. Deshalb wurden »Brandtschutzwochen« ausgerufen. Das Wortspiel ging darauf zurück, dass vor Beginn der Heizperiode in der DDR die Feuerwehr durch alle Wohnhäuser und Betriebe zog und Ausschau nach gefährlichen Stellen hielt. Mit dieser prophylaktischen Maßnahme sollten potenzielle Gefahrenstellen beseitigt werden. Das geschah in der »Brandschutzwoche«, die stets propagandistisch von den DDR-Medien begleitet wurde.

Anders die Schutzwochen für den Bundeskanzler. Keine Pro-Brandt-Propaganda, wohl aber Zurückhaltung bei der Polemik gegen den neuen Bonner Regierungschef. Mit seiner veränderten Ostpolitik, die ihm sein Stratege Egon Bahr konzipiert hatte, begann die von ihm geführte sozialliberale Koalition, die alten Dämme einzureißen. Mit seiner Politik der Stärke und der Hallstein-Doktrin hatte Bonn die DDR international isoliert, ausgegrenzt und boykottiert. Die BRD reklamierte einen Alleinvertretungsanspruch für alle Deutschen. Das sollte nun Geschichte sein. Am Rhein nahm man endlich die Realität zur Kenntnis und begann, mit dem Osten zu verhandeln. 1970 hatte die Bundesrepublik entsprechende Verträge mit der Sowjetunion und der Volksrepublik Polen geschlossen, was bei den konservativen Ostlandrittern und Berufsrevanchisten am Rhein helle Empörung auslöste, die unverändert andauert. Brandt habe die deutschen Ostgebiete aufgegeben, lautet der Vorwurf. Dabei hatten doch bereits die deutschen Nazis mit ihrem Krieg Ost- und Westpreußen, die Neumark, Schlesien und Pommern verspielt, nicht erst die aktuelle Bundesregierung.

Und nun sitzen die deutschen Unterhändler Egon Bahr und Michael Kohl und deren Gefolge beieinander und besprechen einen Grundlagenvertrag. Endlich soll auch das Verhältnis zwischen der BRD und der DDR ordentlich geregelt werden. Brandt sucht den Dialog anstelle der bislang vorherrschenden Konfrontation. Deshalb hat er sich mit dem Regierungschef der DDR, Willi Stoph, in Erfurt und in Kassel 1970 getroffen. Die Führungsmächte der Bündnisse, in die die beiden deutschen Staaten eingebunden sind, die USA und die Sowjetunion, sahen diesen Alleingang nicht gern, weshalb sich Bonn und Berlin selbstkritisch eine »Denkpause« verordnen mussten, und Moskau schickte Ulbricht aufs Altenteil. Erst nachdem der Moskauer Vertrag geschlossen und die Siegermächte im Jahr darauf, 1971, das Vier-Mächte-Abkommen über Westberlin unterzeichnet haben, dürfen endlich auch die BRD und die DDR bilateral miteinander verhandeln.

Diese Gespräche und damit die Zukunft der beiden deutschen Staaten stehen zur Disposition, wenn der Sturz des Kanzlers erfolgreich sein würde …

»Wie ist die Lage, Genossen«, beginnt Wagenbreth förmlich. »Im Bonner Parlament sitzen 496 Abgeordnete. Brandt braucht also mindestens 249 Stimmen, um im Amt zu bleiben. Die Fraktionen der Regierungsparteien SPD und FDP hatten mal 254 Sitze. Inzwischen sind einige Liberale zu den Konservativen übergelaufen: der Ritterkreuzträger Erich Mende, das ehemalige NSDAP-Mitglied Heinz Starke, der frühere SS-Obersturmführer Siegfried Zoglmann. Die Sozis haben Klaus-Peter Schulz an die CDU verloren, ebenso Herbert Hupka und Franz Seume. Wenn wir die alle abziehen, bleiben für Brandt 247 Stimmen.«

»Immer vorausgesetzt, dass alle Parlamentarier bei der Abstimmung auch im Hause sind und der Fraktionsdisziplin folgen«, wirft Rabe ein.

»Die werden alle da sein, das ist sicher«, sagt Wagenbreth. »Notfalls karren sie den Letzten im Leichenwagen ins Plenum. Bei dieser Abstimmung geht es nicht nur um die Zukunft des Landes.«

Ich verfolge den Disput der beiden schweigend. Ich habe gelernt, so lange stumm zu bleiben, bis ich gefragt werde. Also sitze ich auf meinem Stühlchen und höre nur zu.

»247«, wiederholt Wagenbreth. »Das heißt, wir brauchen zwei Stimmen, um den Kanzler zu halten.«

Wieso »wir«, denke ich, Willy Brandt ist doch nicht »unser« Kanzler. Einverstanden, er ist mir wesentlich sympathischer als dieser Barzel von der CDU, der eifrig an Brandts Stuhl sägt. Dieser schneidige Wehrmachtsleutnant mit der Goldenen Frontflugspanne, die er sich in Sewastopol verdient hatte, erscheint nicht nur mir als schlechte Alternative zu Brandt.

Doch auch der amtierende Kanzler ist nicht unbedingt ein Freund der DDR. Als Westberliner Regierungschef war er ein schlimmer Kalter Krieger. Doch zugegeben: Menschen können sich ändern. Warum nicht auch Willy Brandt?

»Zwei Stimmen«, sagt nun auch Rabe. »Das dürfte doch zu machen sein.«

»Und wie?«, fragt Wagenbreth. »Hast du eine Idee?«

Sein Stellvertreter kontert: »Wenn du nicht schon eine hättest, säßen wir nicht hier.«

Damit dürfte er recht haben. Denn aus welchem Grunde bin ich hierher befohlen, wenn nicht bereits in Wagenbreths Kopf ein Schlachtplan existierte? Er ist bekannt als schlauer Fuchs, der unorthodox denkt, der Figuren auf dem Brett hin und her bewegt, ohne sie tatsächlich zu verrücken, ein virtueller Schachspieler eben. Und dabei denkt er die möglichen Züge des Gegenübers mit, wenn er denn zöge.

Rabes Einwurf schmeichelt Wagenbreth, denn frei von Eitelkeit ist er keineswegs. Diese Eigenschaft teilt er mit seinem und unserem großen Chef. Vielleicht bleibt das nicht aus, wenn man vom Glück verwöhnt wird und von Erfolg zu Erfolg eilt. Ich weiß es nicht. Mich befriedigt bereits, wenn es mir gelingt, eine Quelle für uns zu gewinnen oder mit Hilfe eines IM eine Geschichte im *Stern*, im *Spiegel* oder bei der *Zeit* unterzubringen, die dann als Meldung durch alle westdeutschen Medien läuft und so Echo provoziert. Solche von uns losgetretenen Kampagnen erfüllen mich stets mit Genugtuung.

Rabe schaut erwartungsvoll zum Chef, ich bin nicht weniger neugierig. Mein Referatsleiter war in den 60er Jahren aus Schwerin geholt worden, er ist ein betulicher Fischkopp, dem es gewiss an Fantasie, nicht aber an Prinzipienfestigkeit mangelt. Ein verlässlicher Mann nach innen wie nach außen.

»Sagen Sie mal«, beginnt Wagenbreth und schaut mich an, »Sie arbeiten doch mit diesem Georg Fleissmann …«

»Den haben wir beide in Prag angeworben«, wirft Rabe eilig ein, womit er andeutet, dass er auch in diese Verbindung involviert ist. Wagenbreth winkt leicht genervt ab. »Kopp, erzählen Sie mal.«

Was soll ich da erzählen, wo beginnen? Und was ist da von Relevanz für den Brandt-Fall? Was weiß Wagenbreth, was darf er wissen?

»Fleissmann arbeitet seit 1966 für uns. Er besuchte seinerzeit in Berlin etliche Pressekonferenzen von Albert

Norden. Dort fiel er wiederholt mit Fragen auf, das aber nur nebenbei. Er war damals Anfang vierzig und führte in Nürnberg als Chefredakteur und Eigentümer die Verbraucherzeitschrift *Echo* und den Wirtschafts-Informationsdienst *News Bureau International.* Das Verleger-Handwerk hat der aus Ungarn stammende Fleissmann als Vertriebschef der Verbraucher-Postille *DM* gelernt. Er verfügte nach unseren Recherchen über zwei Elemente, die ihn interessant für uns machten: Er kannte in Bayern Hinz und Kunz, war umtriebig und kontaktfreudig. Hingegen schienen zweitens seine publizistischen Aktivitäten nicht sonderlich ertragreich, d. h. er hatte immer finanzielle Probleme. Wir verabredeten uns nach längerer operativer Bearbeitung mit ihm in Prag, wie Genosse Rabe schon sagte, und warben ihn an. Ganz unproblematisch. Seither arbeitet er unter dem Decknamen ›Dürer‹ für uns.«

Wagenbreth grinst. Bei Fleissmanns Herkunft aus Nürnberg lag dieser Deckname wohl mehr als nahe. »Und, was hat er uns schon gebracht?«

Die Frage ist nur rhetorischer Natur. Natürlich weiß der Chef, dass IM »Dürer« für uns erfolgreich als Werber unterwegs ist. So warb er, neben anderen, den in München lebenden Fregattenkapitän Wilhelm Reichenburg an. Der CSU-Mann ist im Wehrbereichskommando VI in Bayerns Hauptstadt für Sicherheit und Abwehr zuständig und arbeitete zuvor als Verbindungsoffizier auch für den Bundesnachrichtendienst und das Referat Fü S II 3 im Bonner Verteidigungsministerium, das mit der sogenannten Wehrlage Ost befasst ist. Reichenburg glaubt, die US-Amerikaner zu informieren, wenn er geheimes Material weitergibt – Fleissmann hatte den eingefleischten Antikommunisten und Hardliner unter fremder Flagge angeworben, so wie ich ihn instruiert hatte. Die Idee, Reichenburg anzuwerben, stammte von mir. Seit 1969 hatte ich ihn unter der Vorgangsnummer XV 1736/69 auf dem Zettel. Ich bildete später Reichenburgs Instrukteur aus: Jürgen Hartmann, der als Chefredakteur bei der DEFA beschäftigt war, diesen Job nach seiner Verpflichtung aber aufgab und seither als hauptberuflicher IM den »Admiral«, also Reichenburg, betreut. Der HIM unter dem Decknamen »Schneider« bezieht bei uns 1600 Mark monatlich, das ist mehr, als er bei der DEFA bekam. Aber auch mehr, als ich bekomme. Ich kriege aktuell im Monat 750 Mark.

Mit Hartmann traf ich mich damals regelmäßig in konspirativen Wohnungen in Berlin und erarbeitete mit ihm eine Legende als Mitarbeiter einer US-Institution, die in London tätig und deren Aufgabe es ist, die Erfüllung der Bündnispflichten durch die Bundesrepublik zu beobachten. Aus diesem Grunde benötige die Einrichtung Informationen über die Bundeswehr, die innere Sicherheit und die deutsch-deutsche Politik. An den Treffs mit Hartmann nahm gelegentlich auch Rabe teil, der bereits als Referatsleiter meine Werbevorlage gegengezeichnet hatte, zu der 1970 Wagenbreth seine Zustimmung erteilte. In jenem Jahr war ich auch zum Hauptmann befördert worden. Die Informationen des »Admirals« werden auf Wagenbreths Anweisung mit einem monatlichen Salär von etwa 1000 D-Mark vergütet.

Ich war von Fleissmann auf Reichenburg aufmerksam gemacht worden. Reichenburg war 1967 als Fachmann für psychologische Kriegsführung vom Bundesministerium für Verteidigung übernommen worden und als Kapitänleutnant unter anderem für »Ballonaktionen« im Grenzabschnitt Bayern zuständig gewesen.

»Meinst du, dass Fleissmann auch Leo Wagner kaufen kann?«

Wagenbreth formuliert nun endlich sein Ansinnen direkt, das er offenkundig als Plan in seinem Kopf hin- und herbewegt.

Leo Wagner ist einer der fünf Parlamentarischen Geschäftsführer der Unionsfraktion im Bundestag, er leitet auch die CSU-Fraktion als Parlamentarischer Geschäftsführer. Und Wagner ist ein Spezi von Franz Josef Strauß, des starken Mannes in Bayern und in der Union. Jahrelang führten wir Wagner unter dem Operativvorgang »Löwe«, 1970 warben wir ihn unter fremder Flagge an. Er lieferte gegen Bares brauchbare Information über die internen Diskussionen zu den Ostverträgen, und wir infiltrierten die CSU mit uns wichtigen Informationen. Wagner hatte trotz seiner beachtlichen Diäten immer Schulden, die er mit Zuwendungen von uns kompensierte. Natürlich lässt sich mit Geld im Westen alles regeln. Am Ende sind sie alle käuflich. Es ist lediglich eine Frage des Preises, nicht der Moral. Aber wenn wir Wagner/»Löwe« bei der Wahl bestechen würden, macht er vielleicht diesmal einen Rückzieher. Letzten Endes würde ihm der schwarze Unionsrock doch näher stehen als eine finanzielle Zuwendung direkt vom MfS. Also der Umweg über Fleissmann wäre vielleicht ein geschickter Schachzug und der erfolgversprechendere Weg. Wenn denn Wagner nicht erführe, dass das Geld aus Berlin kam.

»50 000 DM sollten als erstes Angebot reichen. Triff dich mit Fleissmann in Budapest und handele mit ihm die Modalitäten aus. Danach machen wir eine Vorlage für den Chef, damit er die Mäuse bewilligt.«

Das also ist Wagenbreths Plan. Zwei Stimmen besorgen, eine soll Kopp kaufen.

Ich erhebe mich, das Gespräch scheint damit beendet. Ich hatte seinerzeit Bedenken angemeldet, Wagner zu werben. Obgleich es gelang, bin ich unverändert skeptisch. Die Quelle »Löwe« ist der zweite Mann hinter Strauß. Der Ex-Bundesminister ist aktuell in der Oppositionsfraktion lediglich wirtschafts- und finanzpolitischer Sprecher, er gilt aber als der heimliche Herrscher in der Union. Er ist ein vehementer Kritiker der Ostpolitik von Brandt, die Sozis würden vor den sowjetischen Hegemonialansprüchen nur zurückweichen, statt diese zu bekämpfen. Im Schattenkabinett von CDU-Chef Barzel sind alle Fundamentalkritiker Brandts versammelt, Strauß wird dort als künftiger Bundesfinanzminister gehandelt. Wenn's Spitz auf Knopf steht, dürfte sich Wagner immer für Strauß entscheiden.

Ausgerechnet dieser Wagner soll für Brandt stimmen? Für lächerliche 50 000 D-Mark? Ja, ich weiß, wenn einem das Wasser bis zum Hals steht, greift man nach jedem Strohhalm, der vorübertreibt. Dennoch …

Ich schleiche im Vorzimmer an Gertraude Eckert, Wagenbreths Sekretärin, vorbei und reagiere nicht auf ihren fragenden Blick. Ich überlege.

Über die üblichen Nachrichtenkanäle bestelle ich IM »Dürer« zum Gespräch nach Budapest. Fleissmann ist flexibel, als Journalist braucht er keine Legende zu erfinden, wenn er ins Ausland reist. Andere Quellen von uns, die im Operationsgebiet arbeiten, haben es da mitunter schwerer, um zu einem Treff im Ausland oder gar nach Berlin zu kommen.

Ich begegne Fleissmann im vereinbarten Hotel. Er ist wie stets standesgemäß gekleidet, er gibt den Verleger. Der Anzug: feiner Zwirn, dunkel im Ton, dazu eine teure, sehr schicke Krawatte und das passende Einstecktuch. Seine Stirn ist bereits kahl bis zum Hinterkopf, nur über den Ohren finden sich noch Haare. Die aber sind kurz geschnitten und gepflegt wie der ganze Mann. Er begrüßt mich freundlich, fast freundschaftlich. Ich vertraue ihm nur in Maßen. Wir sind Geschäftsleute auf dem Nachrichtenmarkt, keine Freunde oder gar Genossen.

Er fragt, wie meine Reise war, und moniert die Erschwernisse der seinigen. Er ist mit dem Auto über Österreich gekommen und von den ungarischen Grenzern gefilzt worden. Gott sei Dank unterlässt er es, mich zu bitten, dass ich ihn beim nächsten Mal avisiere. Er ist klug genug zu wissen, dass nicht vorhersehbar ist, wann und wo es unseren nächsten Treff gibt.

Wir trinken Kaffee und Wasser. Der Smalltalk plätschert dahin wie die Donau, wir sitzen in einer ruhigen Ecke, können alles sehen, werden aber selbst kaum hinter den Grünpflanzen entdeckt. Fleissmann hat offenkundig Zeit, ich habe sie nicht. In drei Stunden geht mein Flugzeug zurück nach Berlin-Schönefeld.

»Sie wissen vom 27. April?«

Fleissmann nickt. »Das wird eng werden für Willy.«

Ich schüttele den Kopf. »Genau das soll es nicht.«

»Wollen Sie etwa Stimmen bei der Opposition kaufen?« Georg Fleissmann ist ein kluger Kopf, er weiß genau, wohin der Hase läuft. Das macht es mir leicht.

»Genau.«

Der Nürnberger mit den ungarischen Wurzeln lacht kurz auf. »Und an wen hätten Sie gedacht?«

»An Leo Wagner.«

Fleissmann wiegt den Kopf bedächtig hin und her. Er hält also den Gedanken keineswegs für abwegig. Er kennt Wagner recht gut und weiß, dass der ständig auf dem Schlauch steht. Er selbst hat dem CSU-Mann schon manchen Umschlag aus Berlin zugesteckt und dafür ein Kuvert entgegengenommen.

»Wie viel wollen Sie ausgeben?«

»50 000.«

Im Gesicht von Fleissmann bewegt sich kein Muskel. Die Summe ist so riesig nicht, dass man den Mund aufreißen müsste, aber wiederum auch nicht so gering, dass man sie beleidigt zurückweisen könnte.

»10 000 für mich als Provision.«

Jetzt schlucke ich. Daran hatte ich nicht gedacht, dass der Briefträger auch selbst die Hand aufhalten würde. Ich überspiele meinen Schreck und sage gelassen: »Okay.«

Nun will er wissen, wie wir uns die Sache gedacht haben. Ich entwickle einen Plan. Die Überweisung muss kontrolliert, aber intransparent stattfinden. Noch gilt das Bankgeheimnis in der Bundesrepublik. »Es kommt ein Kurier von uns nach Nürnberg und übergibt Ihnen 50 000 DM in bar. Die zahlen Sie in unterschiedlichen Tranchen nach und nach auf Ihr Geschäftskonto ein. Am Tag der Wahl überweisen Sie das Geld auf ein Ihnen von Wagner genanntes Konto.«

»Immer vorausgesetzt, der lässt sich auf den Deal ein.«

»Das wird er«, sage ich entgegen meiner eigenen Überzeugung, meine Stimme klingt fest und frei jeglichen Zweifels, »wenn Sie ihm klargemacht haben, dass er einen solchen Betrag von Ihnen erhält, wenn er – im Interesse der Amerikaner – *für* Brandt stimmt.«

»Es kann Abweichler in beiden Lagern geben.« Fleissmann nährt meine Skepsis.

»Sie sagen es: in *beiden* Lagern. Ich denke, das gleicht sich am Ende aus. Wir müssen nur die Mehrheitsstimmen besorgen.«

»Und wie viele sollen das sein? Wie viel macht das MfS locker, dass Brandt Bundeskanzler bleibt?«

Ich hebe verschwörerisch beide Hände und tue so, als würde ich dieses Staatsgeheimnis wahren. Dabei kenne ich es nicht einmal. Wagenbreth hat mir nicht gesagt, wie vielen Unionspolitikern ein finanzielles Zubrot in Aussicht gestellt werden soll, um Barzel scheitern zu lassen. Er sprach von zweien, vielleicht sind es mehr? Und ich kenne nur diesen einen, der gekauft werden soll, Wagner.

»Sie überweisen das Geld am Tag der Abstimmung und deklarieren den Betrag als Honorar, Ihnen wird schon was einfallen. Danach rufen Sie Wagner an und nennen ein vereinbartes Codewort. Meinetwegen: *Schönes Wetter heute*. So in etwa. Bei 50 000 geht doch selbst in Bonn für Wagner die Sonne auf.« Ich lache ein wenig affektiert.

»Soll ich vor oder erst nach der Abstimmung überweisen und anrufen?«

»Davor selbstverständlich. Man muss Wagner motivieren.«

»Er kann das Geld kassieren und trotzdem gegen Brandt stimmen. Wer will das kontrollieren? Es ist ja keine offene Abstimmung mit Handzeichen.«

Ich kenne unser Risiko. Das wäre der *worst case:* Brandt verliert sein Amt und wir unser Geld. Noch dazu in Devisen. Nicht auszudenken. Ich mache eine abwehrende Bewegung mit der Hand, die so viel heißt wie: wird schon schiefgehen. »Sie können die Überweisung stornieren, wenn es für Brandt nicht gereicht hat.«

»Und wann bekomme ich meine Prämie?«

»Wenn wir Brandts Sieg feiern.«

»Wollen Sie damit sagen, dass ich in die Röhre schaue, wenn Barzel gewinnt?«

Ich lächle mein Gegenüber an. »Sie heißen doch Georg, nicht Thomas, der erst die Wundmale von Jesus sehen wollte, um zu glauben, dass der Herr wirklich und wahrhaftig von den Toten auferstanden ist.«

Fleissmann grinst. »Ihr Kommunisten überrascht mich immer wieder. Ihr kennt euch nicht nur bei Marx, sondern auch noch in der Religion aus …«

»Na eben. Machen Sie Ihrem Namen Ehre: Georg tötete den Drachen.«

»Ja, aber die Legende erzählt auch, dass er als Märtyrer endete: Er starb während der Christenverfolgung in der Türkei.«

Jetzt müssen wir beide lachen. »So schnell stirbt man nicht. Schon gar nicht in einem Rechtsstaat. Und wenn Sie mal wieder in Berlin sein sollten: Da reitet der Heilige Georg als Denkmal im Volkspark Friedrichshain. Sehr imposant.«

Ich greife nach dem Portemonnaie. Fleissmann sagt gönnerhaft: »Lassen Sie mal, ich mache das schon …«, und winkt nach dem Kellner.

Ich erhebe mich und gebe ihm die Hand. »Ich verlasse mich auf Sie.«

»Und ich verlasse mich auf Sie«, sagt IM »Dürer« mit dem gleichen Nachdruck.

Noch im Flugzeug formuliere ich den Entwurf der Vorlage für Wagenbreth, die er beim Chef der Aufklärung einreichen wird.

Das ist die eine Stimme. Und wer bringt die zweite?

Am 27. April 1972, einem Donnerstag, überträgt das Westfernsehen die Bundestagssitzung. Zum ersten Mal in der Geschichte der Bundesrepublik will die Opposition gemäß Artikel 67 des Grundgesetzes die amtierende

Regierung aus dem Amt treiben. Die Unionsfraktion hat den Antrag gestellt: »Der Bundestag spricht Bundeskanzler Willy Brandt das Misstrauen aus und wählt als seinen Nachfolger den Abgeordneten Dr. Rainer Barzel zum Bundeskanzler der Bundesrepublik Deutschland. Der Bundespräsident wird ersucht, Bundeskanzler Willy Brandt zu entlassen.«

Während draußen Tausende für Brandt und seine Ostpolitik demonstrieren, drängen sich drinnen Abgeordnete und Journalisten. Auch die Besuchertribünen im Plenarsaal sind bis auf den letzten Platz besetzt. Jeder weiß: Heute wird Geschichte geschrieben – so oder so.

Um zehn Uhr tritt als erster Redner Brandts Vorgänger Kiesinger ans Pult und begründet den Antrag. Der Altkanzler nutzt seine Rede zu einer grundsätzlichen Abrechnung mit der sozialliberalen Koalition: Sie habe in nur zweieinhalb Jahren die »gesunden Staatsfinanzen zerrüttet«, das Volk in »Inflation verstrickt« und die »soziale Marktwirtschaft in ernste Gefahr« gebracht. Hauptgrund für den Misstrauensantrag aber seien die Ostverträge. Sie gefährdeten das »große Anliegen der Wiederherstellung der Einheit des deutschen Volkes«, in der jetzigen Form würden sie daher keine Mehrheit im Bundestag finden.

Es folgt eine dreistündige mitunter hitzige Auseinandersetzung, an deren Ende Willy Brandt seine Politik souverän verteidigt. Der Bundestagspräsident schließt 12.59 Uhr die Debatte, ruft zur Abstimmung und verkündet 13.22 Uhr das Ergebnis: 247 Abgeordnete haben *für* den Antrag gestimmt, 249 wären nötig gewesen. »Ich stelle fest, dass der von der Fraktion CDU/CSU vorgeschlagene Abgeordnete Barzel die Stimmen der Mehrheit der Mitglieder nicht erreicht hat«, sagt er.

27. April 1972: Die Union scheitert im Bundestag beim Versuch, den Bundeskanzler Willy Brandt (SPD) mit einem konstruktiven Misstrauensvotum zu stürzen und ihn durch den CDU-Vorsitzenden Rainer Barzel zu ersetzen. Nach der Abstimmung, bei der Brandt durch die beiden vom MfS bezahlten Stimmen mit 249 : 247 siegte, gratuliert der unterlegene Barzel

Barzels Gesicht versteinert, die beiden Regierungsfraktionen jubeln. Brandt blickt erleichtert.

Auch wir in Berlin sitzen vor den Fernsehgeräten und verfolgen das Schauspiel. Als das Ergebnis über den Bildschirm geht, wird nicht gejubelt, aber wir klopfen uns auf die Schulter. Wagenbreth sagt anerkennend: Kampfauftrag erfüllt, Genossen! Weiter so!

Ich frage ihn im Moment höchster Zufriedenheit nach der zweiten Stimme.

»Habe ich das nicht gesagt?«, erkundigt sich Wagenbreth scheinheilig. »Julius Steiner aus Baden-Württemberg. Er hängt bei uns schon seit zwei Jahren am Tropf. Ist eher eine mittelmäßige Quelle, aber diesmal hat er es gepackt.«

»Und, wie viel?«, frage ich nach.

»Gleicher Tarif. Ohne Provision.«

Das musste natürlich sein. Wagenbreth ist auch ein Meister im Nachtreten. Dafür ist er Abteilungsleiter.

Mit der Rettung von Bundeskanzler Willy Brandt – woran viele offizielle und inoffizielle Mitarbeiter der DDR-Auslandsaufklärung beteiligt waren – konnten die Bundesrepublik Deutschland und der Friedensnobelpreisträger von 1971 ihre vernünftige, auf Ausgleich und Versöhnung gerichtete Entspannungspolitik in Europa fortsetzen. Das wurde im östlichen wie im westlichen Ausland mit großer Genugtuung zur Kenntnis genommen.

Hat Willy Brandt von unseren Aktivitäten etwas mitbekommen?

In seinen Erinnerungen von 1989 schreibt er sibyllinisch: »Der damalige Schatzmeister meiner Partei, Alfred Nau, der mutige Antinazi, der mein uneingeschränktes Vertrauen besaß, […] hatte mir beiläufig gesagt, er glaube, dass alles gutgehen werde. Ich hatte und habe keinen Grund, dem eine geheimnisvolle Bedeutung zuzumessen.«

Woher aber nahm Nau, der Antinazi, seine Gewissheit?

Wie wird einer »Desinformant«?

In Berlins Mitte, im Ortsteil Gesundbrunnen, gibt es eine Soldiner Straße. Sie heißt seit 1873 so. Ich bezweifle, dass die meisten der dort lebenden Menschen wissen, wer oder was Soldin ist. Dieser Ort liegt wenige Kilometer jenseits der Oder und darum seit 1945 in Polen, auf den Ortsschildern der Kleinstadt steht Myślibórz. Am Südufer eines Sees siedelten einst die Slawen und bauten eine Burg. Diese übernahm der Templerorden und verkaufte sie an die Brandenburger Markgrafen. Die Dominikaner errichteten später dazu eine Klosteranlage, Soldin stieg auf zur Hauptstadt der – in Ergänzung der Mark Brandenburg – fortan Neumark genannten Region. Die Neumark wurde zu Beginn des 15. Jahrhunderts vom Deutschen Orden okkupiert, er folgten die Hussiten …

So ging es durch die Jahrhunderte. Die Eigentümer des Ortes wechselten wiederholt, mehrmals ging die Stadt in Flammen auf oder wurde in kriegerischen Konflikten zerstört, Preußenkönig Friedrich II. gab 50 000 Taler für den Bau von Wohnungen und Kasernen. Im 19. Jahrhundert gewann die kleine Ackerbürgerstadt Bedeutung, indem sie Kreisstadt wurde und – dank der Anbindung durch die Küstrin-Stargarder Bahn ans Reichsbahnnetz – die Wirtschaft einen Aufschwung erlebte. Von dem partizipierte in gewisser Weise auch meine Familie, worauf ich gleich zu sprechen kommen werde. Am 31. Januar 1945 nahm die Rote Armee die Stadt kampflos ein, was aber nicht bedeutete, dass sie verschont geblieben wäre. Die Waffen-SS zog ab und erklärte den Ort zur freien Stadt, sie war militärisch bedeutungslos. Damit konnten sich einige lokale Nazis und idiotische Durchhaltekrieger jedoch nicht abfinden. Sie mobilisierten den Volkssturm und die HJ, die die anstürmenden Armeen stoppen sollten. Mein Onkel Albert beteiligte sich daran und fiel »für Führer, Volk und Vaterland«. Bei diesen sinnlosen Gefechten ging nicht nur die Stadt zu Schutt, sondern starben auch etwa 120 Deutsche, etliche davon waren am 3. Februar von den Rotarmisten an die Wand gestellt worden, weil sie als Heckenschützen auf die Soldaten geschossen hatten. Die Leichen wurden in einem Massengrab am Rande der Stadt bestattet. Darunter auch die von Onkel Albert.

Die Stadt zählte damals noch immer wenig mehr als 6000 Einwohner, sie hat einige alte hübsche Kirchen und Bauwerke, ein klassizistisches Rathaus (mit Friedrichs Talern errichtet), mittelalterliche Stadttore und Türme – die Liste der Baudenkmale ist erheblich länger als die mit den Namen der hier geborenen bekannten Persönlichkeiten. Der Einzige, den ich jedenfalls kenne, ist Wolfgang E. Struck, der unter anderem von 1961 bis 1988 Intendant des Berliner Friedrichstadtpalastes war. Er kam 1920 in Soldin zur Welt.

Ich erblickte dort am 31. Oktober 1933 das Licht der Welt als Horst Siegfried Erich Kopp. Das Siegel auf

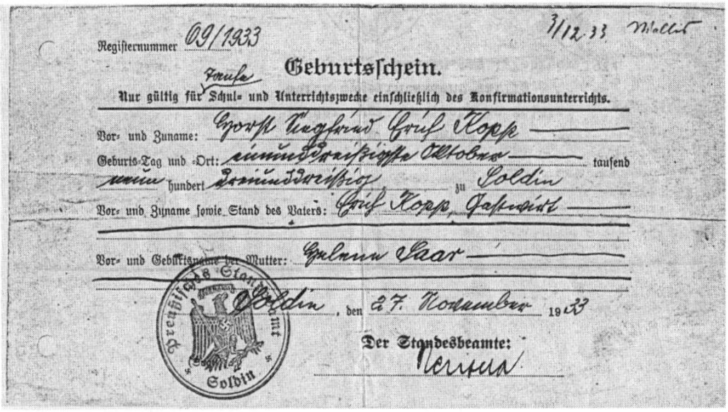
Registernummer 09/1933 3/12.33

Taufe

Geburtsschein.

Nur gültig für Schul- und Unterrichtszwecke einschließlich des Konfirmationsunterrichts.

Vor- und Zuname: Horst Siegfried Erich Kopp

Geburts-Tag und -Ort: einunddreißigste Oktober tausend neun hundert dreiunddreißig zu Soldin

Vor- und Zuname sowie Stand des Vaters: Erich Kopp, Gastwirt

Vor- und Geburtsname der Mutter: Helene Saar

Soldin, den 27. November 1933

Der Standesbeamte:

Der Geburtsschein, ausgestellt vier Wochen nach der Ankunft in Soldin

meinem Geburtsschein, ausgefertigt vom Preußischen Standesamt Soldin, zeigt das Hakenkreuz auf der Brust des Preußenadlers. Das Hitlerreich war bereits ein Dreivierteljahr alt.

Auf dem Schein ist auch die Profession meines Vaters Erich Kopp ausgewiesen, sie lautet »Gastwirt«, während von meiner Mutter lediglich ihr Mädchenname Helene Saar mitgeteilt wird. Sie war 28, als ich geboren wurde und Köchin in der Gaststätte unweit des Amtsgerichts. Das Etablissement in der Domstraße 18 hieß folgerichtig »Zur Gerichtslaube«. Eigentümer waren meine Eltern, zwei rechtschaffende und völlig apolitische Leute, soweit ich mich erinnern kann. Aber die Erinnerung ist die eines Kindes und darum in solchen Dingen mehr als blass. Mutter stammte aus einer Bauernfamilie aus dem Dorf Kriescht bei Landsberg, Vater war ebenfalls ein Bauernsohn aus dem Warthegau, aber nicht unbedingt versessen darauf, den Hof der Eltern zu übernehmen. Er ging nach Berlin und lernte Straßenbahnfahrer. Mit seiner »Zündapp«, einem Motorrad, besuchte er häufig seinen Bruder Albert in Soldin, dabei lernte er meine spätere Mutter kennen. Albert Kopp war ein umtriebiger Geschäftsmann, der ein gutgehendes Schuhgeschäft in Soldin führte und nebenbei auch noch amtlich bestellter »Trichinenbeschauer« war – ein Kontrolleur, der bei privaten Hausschlachtungen oder bei gejagten Tieren das Fleisch nach diesen Krankheitserregern untersuchte. Das war in Preußen seit 1866 gesetzlich vorgeschrieben; maßgeblichen Anteil am Zustandekommen des »Reichsfleischbeschaugesetzes« hatten Rudolf Virchow und Robert von Ostertag. Onkel Albert war nun der Auffassung, sein Bruder und die Schwägerin sollten sich in Soldin niederlassen und eine eigene Existenz aufbauen, was dann mit der »Gerichtslaube« auch geschah.

Während also dieser Onkel etwas sehr Vernünftiges tat, war der andere ein ziemlich hohes Tier bei den Nazis in Soldin. Vaters Halbbruder Herbert war in der Familie deshalb nicht wohlgelitten, was sich auch in der distanzierten Titulierung ausdrückte. Er hieß bei uns nur »Herr Foth«.

Das Jahr 1939 markiert in meinem Leben eine Zäsur. Ich wurde eingeschult, und Vater kam zur Wehrmacht: Es war Krieg. Meine Eltern schlossen zwangsweise die Gastwirtschaft, und Mutter wurde als Uniformnäherin in einem Soldiner Betrieb dienstverpflichtet.

Für meinen Vater, er war um die vierzig, war der Krieg wie wohl für die meisten Deutschen zunächst sehr erträglich, weil weit weg. Soldat Kopp diente in Stettin als Fourier, das heißt, er war für die Versorgung der Kameraden in der Kaserne zuständig. Regelmäßig fuhr meine Mutter mit mir an den Wochenenden dorthin, um ihn zu besuchen. Mehrere Jahre lebten wir auf diese Weise, und erst 1944, als Vater nach der Invasion an die Westfront versetzt wurde, veränderte sich die Situation.

Vater und Sohn 1934

Bei Dünkirchen, Frankreichs nördlichster Stadt und am Ärmelkanal gelegen, geriet er alsbald in britische Kriegsgefangenschaft und kam nach Kriegsende nach Lübeck.

Vom Morden an den Fronten verspürten wir in Soldin wenig. Ich wuchs, als Einzelkind behütet und umsorgt, mit vielen Freunden auf. Wir spielten Fußball und schwammen im Soldiner See, absolvierten unsere

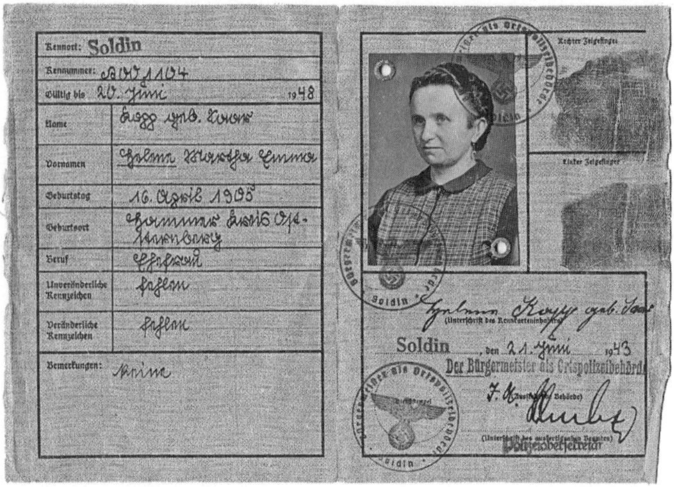
Kennort: Soldin
Gültig bis 20. Juni 1948
Name
Vornamen
Geburtstag 16. April 1905
Geburtsort
Beruf
Unveränderliche Kennzeichen fehlen
Veränderliche Kennzeichen fehlen
Bemerkungen: keine
Rechter Zeigefinger
Linker Zeigefinger
(Unterschrift des Kennkarteninhabers)
Soldin, den 21. Juni 1943
Der Bürgermeister als Ortspolizeibehörde
(Ausstellende Behörde)
(Unterschrift des ausfertigenden Beamten)
Polizeiobersekretär

Kennkarte der Mutter von 1943

»Dienste« in der HJ und piekten im Klassenzimmer die Nadeln in die Europakarte, wenn die »tapferen Feldgrauen« wieder ein Land oder eine Stadt genommen hatten. Daneben besuchte ich den Klavierunterricht, denn Vater hatte mir seine musische Veranlagung vererbt: Er selbst spielte mehrere Instrumente, weshalb nicht nur ich ihn für einen begnadeten Musiker hielt. Heute würde man ihn vielleicht einen Entertainer nennen, denn er schenkte in der »Gerichtslaube« zwar auch Bier aus, aber unterhielt die Leute gleichfalls auf leichte, angenehme Art. Bis er in den Krieg musste.

Mit dem Vorrücken der alliierten Armeen auf deutschem Territorium verlor sich endgültig die Unbeschwertheit der Kindheit. Als Elfjähriger spürte ich die wachsende Angst der Mutter und anderer Erwachsener vor der Zukunft. Die lokale Nazi-Führung versuchte zu beruhigen: Bis Soldin käme der Russe nicht, und wer jetzt abhaue, der werde als Feigling an die Wand gestellt.

Dann aber, am letzten Januartag des Jahres 1945, war »der Russe« da. Seit dem 12. Januar lief auf 1200 Kilometer Breite, wie ich später aus den Geschichtsbüchern erfuhr, eine gewaltige Offensive der Roten Armee, genannt Weichsel-Oder-Operation. Nach achtzehn Tagen erreichten die Spitzen der von Georgi Shukow befehligten 1. Belorussischen Front die Oder bei Küstrin, das befand sich vierzig Kilometer von uns in südöstlicher Richtung. Die Front hatte uns einfach überrollt und die Stadt im Artilleriefeuer verbrannt.

Wir sahen, wie die Rotarmisten auf Panjewagen mit Maschinengewehren den flüchtenden Wehrmachtsoldaten im Schnee nachjagten. Auf dem zugefrorenen Soldiner See lagen viele Leichen: ein entsetzliches Bild, das sich mir einprägte. Die deutschen Soldaten setzten sich kaum zur Wehr, waren völlig demoralisiert und des Kämpfens müde, liefen aber weiter in Richtung Oder, um nicht in Gefangenschaft zu geraten. Sie hatten ihre Gründe, die Rache der Russen zu fürchten.

Vater in der vorderen Reihe, Erster von links

Etwa 15 Frauen versteckten sich auf einem Dachboden, einige hatten ihre Kinder dabei. Ich saß auf dem Schoß der Mutter, die sich mittels Kleidung und Schminke als Greisin verkleidet hatte, als zwei Offiziere und ein Trupp Soldaten die Treppe heraufgetrampelt kamen. Wir waren zum Schweigen verdonnert worden, niemand sollte auch nur husten, die Männer fanden uns dennoch. Sie schauten sich stumm um – verschwanden und kamen nicht wieder.

Wir kehrten nach Tagen in die »Gerichtslaube« zurück, in der sich auch unsere Wohnung befand. Diese wie auch die Gaststätte war ziemlich verwüstet. Wir versuchten sie einigermaßen herzurichten, als meine Mutter wie andere im Ort verbliebene arbeitsfähige Erwachsene von den Sowjets zur Zwangsarbeit verpflichtet wurden. Sie erhielten Order, sich auf dem Markt einzufinden. Mutter ließ mich bei hochbetagten Bekannten heulend zurück.

Nach vier Wochen kehrte sie völlig verändert wieder. Sie war merklich gealtert, die Haare fielen ihr aus. Obgleich eben erst Ende dreißig, sah sie aus wie eine ausgemergelte Sechzigjährige. Sie hatte, wie sie mir erzählte, im vierzig Kilometer entfernten Landsberg an der Warthe schwere Bauarbeiten verrichten müssen.

Wir vegetierten ohne Aussicht auf Verbesserung unserer Lage dahin, lebten von der Hand in den Mund, von dem, was ich auf Beutezügen in leerstehenden Häusern fand, als im Sommer Polen nach Soldin kamen. Gerüchteweise hatte es seit einigen Wochen schon geheißen, dass das ganze Land bis zur Oder nach dem Willen der Siegermächte zu Polen gehören würde. Was das bedeutete, wusste niemand. Wir sollten es alsbald erfahren. Nach etwa zwei Wochen erschienen in unserer Wohnung zwei Männer mit roten Armbinden, wiesen ein Papier vor und forderten uns auf, binnen einer halben Stunde das Haus zu verlassen und uns auf dem Markt einzufinden. Handgepäck sei erlaubt.

Ohne erkennbare Regung holte meine Mutter den Handwagen aus dem Schuppen, lud eilig Bettwäsche und Kleidung darauf, die Reste vom Eingeweckten, etwas Silberbesteck, Schmuck und was sie für einigermaßen wertvoll hielt. So rollten wir zum Marktplatz, wo schon andere deutsche Familien sich eingefunden hatten. Onkel Alberts Witwe, deren Tochter und meine beiden Cousins waren bereits kurz vor dem Eintreffen der Roten Armee mit der Bahn Richtung Westen geflohen. Sie ließen sich – ich greife vor – in Braunschweig nieder. Heinz Kopp arbeitete später an der Universität Braunschweig und verdingte sich inoffiziell beim Verfassungsschutz, Dieter wurde Wachmann. Meine Cousine heiratete einen Koch, der in Leimen bei Heidelberg eine Sportlerkneipe führte, in der – wie sie mir vor Jahren bei unserer letzten und einzigen Begegnung nach dem Kriege voller Stolz berichtete – Boris Becker angeblich ein- und ausgegangen sei, als er noch »der Leimener« war.

So standen und warteten wir gemeinsam auf dem Markt in Soldin, ohne zu erfahren, was man für uns geplant hatte. Irgendwann formierte sich ein Zug. Wir trotteten hintereinander, ohne zu wissen wohin. So liefen wir Stunde um Stunde, zwischendurch rasteten wir, auch wurde im Wald übernachtet, denn der Weg führte die meiste Zeit durch Tannen- und Mischwälder. Nach zwei, drei Tagen erreichten wir einen Fluss, an dessen gegenüberliegendem Ufer eine zerstörte Stadt zu erkennen war. Das sei Frankfurt an der Oder, ging es durch die Reihen. Wir wurden von den Polen, die uns mit

Cousin Helmut Hensel (links) und Horst Kopp, 1947

Gewehren begleiteten, zum Niederlassen aufgefordert. Auf den Flusswiesen lagerten bereits weitere Gruppen.

Mit meinen Freunden begab ich mich auf die Suche nach etwas Essbarem. Wir streunten durch leerstehende Gehöfte in der Umgebung, doch auf diese Idee waren vor uns vermutlich schon andere gekommen. Die Keller, Vorrats- und Räucherkammern fanden wir geplündert vor. Der Versuch, unsere Erkundungen über die Oder auszudehnen, wurde von polnischen Hilfspolizisten vereitelt. Man ließ Deutsche nur in Pulks über die zerstörte Oderbrücke. Und das geschah erst nach etwa einer Woche.

Nachdem zum wiederholten Male unser Gepäck durchsucht und neuerlich um einiges dezimiert worden war, passierten wir den Fluss, der nun Demarkationslinie hieß. Irgendwo auf freier Strecke bei oder noch in Frankfurt stand ein alter Zug, den wir bestiegen. Er sollte uns nach Berlin bringen. Dort, so ließ man uns wissen, stünde es uns frei, zu gehen wohin wir wollten.

Mutters jüngste Schwester Else lebte in Berlin. Sie hatte einen Konditormeister namens Appenfeller geheiratet, der als eingefleischter Nazi stiften gegangen war und Frau und Tochter in der Steinbergstraße 138 A in Berlin-Weißensee zurückgelassen hatte. Auf seiner Flucht Richtung Westen hatte er jedoch im Harz einen tödlichen Motorradunfall. Elses Adresse, so hatten die drei Schwestern verabredet, sollte der Familientreff werden.

In dieser Zweieinhalb-Zimmer-Wohnung drängten sich nun Tante Else mit Tochter Karin, Tante Lieschen mit Sohn Helmut, meine Mutter und ich sowie die Mutter dieser drei Frauen, meine Oma. Sie und Tante Else hofften, mit dem Kleben von Schuhsohlen existieren zu können. Jedenfalls stank es immer entsetzlich nach Kleister in unserem Quartier.

Mit Cousin Helmut zog ich durch die Ruinen, aber jeden Mittag fanden wir uns auf dem Pistoriusplatz ein. Dort hatte die Rote Armee eine Gulaschkanone aufgebaut und schenkte an die Anwohner Suppe aus. Die war nicht besonders dick und nahrhaft, sicherte aber in den nachfolgenden anderthalb Monaten auch die Existenz unserer männerlosen Großfamilie. Mit der Milchkanne holten wir Jungs die Suppe.

Mutter und Tante Lieschen fuhren unterdessen mit Zehntausenden anderen ins Berliner Umland, um zu stoppeln, wie man die Suche nach Ähren auf den abgeernteten Feldern nannte, und um bei den Bauern etwas Essbares einzutauschen. Hamstern hieß diese beschwerliche und oft unergiebige Übung. Es war aber auch eine Art Flucht vor der häuslichen Enge und Gereiztheit. Ich erinnere mich lebhaft an die täglichen Streitereien, die sich an Lappalien entzündeten.

Eines Tages im Sommer 1945 kamen die beiden Frauen nach Plänitz, einem winzigen Gutsdorf zwischen Neustadt an der Dosse und Kyritz an der Knatter, was jedoch kein Fluss ist. Den Beinamen verdankt die Ackerbürgerstadt den knatternden Wassermühlen. Das aber interessierte die beiden Frauen nicht – sie waren auf der Suche nach Überlebensmitteln.

In Plänitz gerieten sie an Bürgermeister Eckloff, den seine Partei, die KPD, der Besatzungsmacht als Dorfschulzen empfohlen hatte. Eckloff dachte strategisch und lud die beiden Frauen ein, sich hier niederzulassen. Seit über 600 Jahren bestimme die Familie von Rathenow die Geschicke von Plänitz; der letzte Gutsherr – Major Caspar Heinrich von Rathenow – befinde sich in amerikanischer Kriegsgefangenschaft, erzählte er. Mit der Gutsherrschaft sei nun Schluss. In den nächsten Tagen beginne eine demokratische Bodenreform in der sowjetischen Besatzungszone. Der Startschuss erfolgte am 2. September in Kyritz. Sie seien dazu herzlich eingeladen.

So hörten denn die beiden Frauen an jenem Sonntag den KPD-Vorsitzenden Wilhelm Pieck verkünden, dass nunmehr die seit Jahrhunderten überfällige demokratische Bodenreform ihren Lauf nehmen werde. »Junkerland in Bauernhand« heiße der Auftrag. Das Land von Nazi- und Kriegsverbrechern und von Gutsbesitzern jenseits der 100 Hektar werde nunmehr denen gegeben, die es auch bebauen. Und für die Menschen, die aus den deutschen Ostgebieten hier gestrandet seien, würden Neubauernhöfe eingerichtet werden, als Ersatz für ihre verlorenen Wirtschaften, und um ihnen und ihren Familien eine Perspektive zu geben …

Drei Wochen später, am 23. September, standen meine Mutter Helene Kopp und ich mit Elisabeth Hensel, Tante

Lieschen, und Cousin Helmut auf der Plänitzer Parkwiese und erhielten aus der Hand von Brandenburgs Innenminister Bernhard Bechler Siedlungsurkunden überreicht. 504 Hektar Land aus dem Besitz der Rathenows wurden auf 69 Neubauern aufgeteilt. Meine Mutter bekam 20 Morgen, das waren vier Hektar Ackerland und Weide, eine Kuh und einen Schuppen. Die Kuh erhielt alsbald den Namen »Perle«, sie gab nicht nur viel, sondern auch gute Milch. Mit den 3,5 Prozent Fettanteil sicherte »Perle« unser Überleben.

Wir wohnten in einer heruntergekommenen Schnitterkaserne auf dem Gutshof, und vielleicht, auch darum hoffte Mutter auf die Rückkehr ihres Mannes aus der Kriegsgefangenschaft, würden wir uns irgendwann ein eigenes Häuschen errichten, um der Enge des Fachwerkbaus zu entrinnen.

Erich Kopp kam aus Lübeck nach Plänitz Anfang 1947. Da lag Mutter allerdings schon unter der Erde. Im November 1945 waren sie und mein Cousin an Typhus erkrankt. Helmut Hensel überlebte, Helene Kopp nicht. Die Monate zuvor hatten zu sehr an ihrer körperlichen Substanz gezehrt. Ich litt sehr unter dem Verlust, Mutter war die wichtigste Bezugsperson in meinem Leben.

Vater hielt es auf dem Dorf nicht aus. Nach etwa einem Jahr gab er die Neubauernstelle zurück, haute ab und ließ mich zurück. Bauer wollte er nicht werden – deshalb hatte er schon vor Jahrzehnten die elterliche Scholle verlassen und war nach Berlin gegangen. Dorthin zog es ihn jetzt wieder. Und er fand in der Ruinenstadt auch eine Anstellung als Straßenbahnfahrer. Bei der BVG lernte er eine Straßenbahnfahrerin kennen. Die Tochter, die aus dieser Ehe hervorging, meine Halbschwester, lebt heute in Müncheberg.

Erich Kopp, mein Vater, starb 1954. Er hatte sich mit Poliomyelitis infiziert, was gemeinhin Kinderlähmung heißt und bei Erwachsenen besonders gefährlich ist. US-Präsident Roosevelt war mit 39 Jahren an diesem Virus erkrankt und verbrachte fast ein Vierteljahrhundert im Rollstuhl. Vater blieb der Rollstuhl erspart, seine Erkrankung verlief besonders heftig: Nach fünf Tagen versagten alle Organe ihren Dienst. Er wurde auf dem Waldfriedhof Stahnsdorf im Süden von Berlin bestattet.

Als er Plänitz verließ, im Frühsommer 1948, zog ich endgültig zu Tante Lieschen und Helmut. Wir besuchten gemeinsam die Einklassenschule im Dorf. Lehrer Frost war ein guter Lehrer und wohl ein wesentlicher Grund dafür, dass Helmut selber Pädagoge wurde. Mein Leben bestand aus Lernen, Lesen und Arbeit. Der Demokratische Frauenbund Deutschland unterhielt eine Ortsgruppe, und die dort organisierten Frauen kümmerten

Die Mutter starb Ende 1945 an Thypus, der Vater kam Anfang 1947 aus der Kriegsgefangenschaft und verließ nach einem reichlichen Jahr das Dorf

sich um verlassene junge Waisen, wie ich es eine war. Sie sorgten dafür, dass mich die Groß- und Altbauern nach dem Unterricht beschäftigten und ich mit Essen bezahlt wurde. Bei Lichte betrachtet war das Ausbeutung, ich war ein billiger Arbeitssklave. Die Bauern hatten die Butter und die Wurst, die ich haben musste, um zu existieren. Also bestimmten sie die Preise, zu denen sie die Lebensmittel abgaben. Das war die Grundrechenart der Marktwirtschaft. Ab 14 Uhr hütete ich die Kühe, und dafür bekam ich belegte Stullen oder einen Teller Suppe. Ich hörte nie ein Wort des Dankes oder eine freundliche Bemerkung, in jeder Geste schwang Ablehnung mit. Ich war ein lästiges Flüchtlingskind, dessen Hilfe man nicht wirklich benötigte, das ließ man mich spüren. Ich aß nie gemeinsam mit den Bauernfamilien, sondern musste allein in der Küche oder auf der Veranda mein Essen verzehren, Nachschlag gab es selten. Je wohlhabender

Horst Kopp mit Mohrchen

der Bauer, desto schlechter mein Essen und distanzierter das Verhältnis, das spürte ich bald. Ich tröstete mich mit Mohrchen, meinem Hütehund, mit dem ich über die Rinder wachte. Und mit den Büchern, die ich im verlassenen Gutshaus fand, zum Beispiel Gustav Freytags Sechsbänder »Soll und Haben«. Die Bücher waren die übersehenen Reste der Bibliothek. Das meiste des Inventars hatte der vor Ort gebliebene Gutsinspektor – mit dessen Sohn Eberhard Güssow ich befreundet war – an die Plänitzer Altbauern verteilt, damit diese es bis zur Rückkehr des Gutsherrn aufbewahrten. Tatsächlich machte der Gutsinspektor damit Stimmung gegen die neuen Verhältnisse, die sich andeuteten, und die Leute für sich gewogen. Allerdings währte die eigene Ausdauer nicht ewig, die drei Güssows setzten sich bald in die Westzonen ab.

Ohne dass wir die Bezeichnung kannten, gab es Auseinandersetzungen auf dem Dorfe, die zweifellos als Klassenkampf charakterisiert werden konnten. Das wurde gerade bei uns Heranwachsenden deutlich. Wir wollten aktiv werden, uns unterhalten, Sport treiben, singen und tanzen. Die Junge Gemeinde erschien uns in dieser Hinsicht zu dröge, da war die Freie Deutsche Jugend reger. Aus Kyritz kam immer ein sogenannter Instrukteur von der Kreisleitung und brachte Boxhandschuhe und einen richtigen Fußball. So organisierten wir uns zunächst als Sportverein, dann als FDJ-Gruppe, die auch politische Themen diskutierte. Als Grundlage dienten uns oft kleine Texte zumeist sowjetischer Autoren, die in Oktavheftgröße gedruckt worden waren. Ich war beim Fußball vornweg (vor allem wenn es gegen die Söhne der Groß- und Altbauern ging) und führte auch in den Gesprächen das große Wort. Vielleicht kompensierte ich dadurch die

Im Obergeschoss des Gutshauses lebte Kopp mit Cousin Helmut und Tante Lieschen

Die Stallungen des Gutshauses, die von den Umsiedlern genutzt wurden

Demütigungen, die ich als Kuhhirte erfuhr, vielleicht war es auch die Genugtuung, die ich beim Argumentieren und Diskutieren empfand, wenn mir andere darin folgten. Vielleicht war es von allem was. Jedenfalls wurde ich, als die Frage nach der Führerschaft in der Gruppe anstand, zum FDJ-Sekretär in Plänitz gewählt.

Irgendwann wechselte ich an die Polytechnische Oberschule in Neustadt. Auch andere aus Plänitz legten täglich die drei Kilometer Schulweg zu Fuß zurück. Bei Wind und Wetter, mit Husten und Schnupfen. Die Straße war an manchen Stellen mit Schlehdornbüschen gesäumt, die im Frühjahr weiß blühten und im Herbst mit blauen Früchten übersät waren. Dann musste man den ersten Frost abwarten. Erst danach waren die Schlehen süß und genießbar.

Die Fußballmannschaft von Plänitz, aus der die FDJ-Ortsgruppe hervorging. Horst Kopp in der hinteren Reihe, Vierter von links

Diese Strecke ging ich täglich mit einem Mädchen, das mit ihrer Familie ebenfalls im Gutshaus gestrandet war. Sie, ihre Schwester und die Mutter kamen aus Westpreußen, der Vater war im Krieg geblieben. Das Mädchen besuchte die Klasse unter mir. Ich greife der Sache vor: Wir heirateten 1955.

In der Schulzeit las ich nicht nur sehr viel, ich meinte sogar, dass ich Schreiben zu meinem Beruf machen könnte. Ich begann später nebenbei als Volkskorrespondent für die Redaktion der *Märkischen Volksstimme* zu berichten, und nachdem mein Artikel über die Insel im Kyritzer See auch vom Rundfunk übernommen worden war, bewarb ich mich beim Sender in Potsdam.

Mit der Unterseeinsel hatte es folgende Bewandtnis: Auf ihr befand sich ein ziemlich bekanntes Ausflugslokal, in dem kurzzeitig, so ging das Gerücht, auch Jakow Dschugaschwili, Stalins Sohn, gefangengehalten worden sein soll, bevor er ins KZ Sachsenhausen deportiert worden war, wo er 1943 starb. Aber nicht diese Episode stand im Mittelpunkt meines Berichts, sondern die Inbetriebnahme einer Fährverbindung zur Insel und der Neuaufbau der traditionellen Ausflugsgaststätte. Ich wurde also kühn und bewarb mich in Potsdam als Sportreporter beim Rundfunk. Auf diese Idee waren auch schon andere gekommen. Man drückte uns Bewerbern eine Seite mit Text in die Hand, die wir vortragen sollten, was wir auch nacheinander taten. Ich mache es kurz: Meine hohe Knabenstimme fand nicht den Beifall des Aufnahmegremiums.

Ernüchtert bewarb ich mich daraufhin bei der Druckerei Kreye in Neustadt, der einzigen weit und breit. Die Schriftsetzerlehre sollte über dreieinhalb Jahre gehen, die Berufsschule befand sich im Ostteil Berlins. Als

Journalist und Autor fühlte ich mich bereits gescheitert, bevor es losgegangen war, aber meine Liebe zum Buch und zu Gedrucktem hatte nicht gelitten. Daher diese Berufswahl.

Allerdings nahm die Lehre bereits nach zwei Jahren ein jähes Ende. Als ich eines Morgens in die Druckerei zur Arbeit erschien, war das Tor versperrt und Polizei stand davor. Einer der Uniformierten, der mich kannte, sagte, nun müsse ich wohl nach Rathenow, da gäbe es die nächste Druckerei, die ausbilde. Vielleicht könne ich dort meine Lehre fortsetzen.

Ich verstand nur Bahnhof, bis er mich aufklärte. Druckereibesitzer Kreye und seine Frau – eine Kinderärztin – hätten sich in der Nacht mit ihren beiden Kindern nach Westberlin abgesetzt, sagte er ziemlich wütend. Das sei ein Schlag ins Kontor …

Über Kreye konnte ich nichts Schlechtes sagen: außer, dass er mich am 17. Juni 1953, als ich demonstrativ mit dem FDJ-Hemd zur Arbeit erschienen war, sichtlich verärgert nach Hause schickte, damit ich mir »was Ordentliches« anzöge.

Ich beendete schließlich meine Lehre in Rathenow, die Abschlussprüfung als Schriftsetzer absolvierte ich an der Berufsschule an der Jannowitzbrücke. Wie alle anderen Lehrlinge, die aus dem westlichen Berliner Umland kamen, fuhr ich natürlich mit der S-Bahn durch die Westsektoren, was mir mancher übel nahm, weil es aus politischen Gründen untersagt war. Jahrelang, wenn mal wieder meine »ideologische Standfestigkeit« diskutiert wurde, holte man das als frühes Vergehen und Eigenmächtigkeit hervor.

Als ausgebildeter Schriftsetzer suchte ich mir Arbeit. Die fand ich in Kyritz bei der Druckereibesitzerin

Trotz Lehre immer am Ball: Die Fußballmannschaft von Turbine Neustadt mit Trainer Mayer, 1950. Kopp hintere Reihe, Zweiter von links

Thinken, die mir auch gleich die Wohnung über der Druckerei anbot. Da könne ich, wenn ich denn wolle, auch mal länger machen ... Eine Zeitlang fuhr ich noch täglich mit dem Rad nach Kyritz, doch da ich inzwischen verheiratet war, schien es vernünftig, das Angebot anzunehmen. So zogen wir 1955 aus dem Elternhaus meiner Frau in unsere erste eigene Wohnung.

Allerdings sollte ich bald abtrünnig werden. Die Kreisleitung der FDJ kam auf mich zu und meinte, ich sei bei ihnen besser aufgehoben als in solch einem bourgeoisen Gewerbe. Und um zu beweisen, dass es ihnen nur um Klassenkampf und nicht um schnöde Kohle ging, machte man mir ein Angebot mit einem höheren Gehalt als dem bei Frau Thinken. Ich räume ein: Ich war käuflich! Und überdies gefiel mir die Arbeit mit den Jugendlichen. Ab 1957 war ich als hauptamtlicher Instrukteur der Kyritzer Kreisleitung unterwegs. Meine Aufgabe bestand darin, mit dem Fahrrad die mir zugewiesenen

Während des Besuches des Einjahreslehrganges an der Jugendhochschule »Wilhelm Pieck« am Bogensee nahmen die Kursanten auch auf einem der vielen Felder rings um Bernau an einem Ernteeinsatz teil; Horst Kopp in der hinteren Reihe Fünfter von rechts

sieben Dörfer anzusteuern und dort Heranwachsende aufzunehmen, um mit ihnen – wie man damals sagte – ein »frohes Jugendleben zu entfalten«. Das bedeutete, erstens junge Menschen für die FDJ gewinnen, zweitens ihre Vorschläge einzusammeln, drittens materiell-technische Voraussetzungen zu schaffen und Weichen für lokale Entscheidungen zu stellen und dergleichen. Und die Jugendgruppen regelmäßig zu betreuen. Auch wenn ich selten vor Mitternacht nach Hause kam: Es war eine Aufgabe, die mich herausforderte und mich glücklich machte.

Offenkundig sah das die Kreisleitung ebenso. Man meinte dort, dass ich politisch-ideologisch »besohlt« werden müsse, denn tatsächlich erfolgte bei mir alles

Ein Teil der FDJ-Abordnung zu den Weltfestspielen der Jugend und Studenten in Wien. Horst Kopp Zweiter von rechts

Seemann aus Hamburg – der er bekanntlich nicht war, dieses Image war ihm von seiner PR-Abteilung verpasst worden – sollte in Wien auftreten, obgleich die Bundesrepublik die Weltfestspiele vollständig sabotierte. Wir sollten verhindern, dass irgendwelche FDJler dorthin rannten und die Westpresse dann hämisch darüber berichten würde. Und wir arrangierten bereits im Vorfeld Treffen mit anderen Jugendorganisationen.

Wien war schön, das Festival angenehm, aber alles in allem enttäuschte uns der Kapitalismus. Unsere Erwartung war, wenngleich diffus, höher gewesen. Damit meine ich nicht den vollständigen Boykott der österreichischen Medien – nicht eine Wiener Zeitung berichtete über das Treffen – oder die Ignoranz der Wiener Politiker. Das Festival fand wie unter Ausschluss der Öffentlichkeit statt. Das trübte aber nicht die Stimmung unter den Teilnehmern. Nein, wir hatten volle Schaufenster, leuchtende Reklame und glitzernde Fassaden erwartet.

Alles Fehlanzeige. Es war grau und trist wie daheim. Aber daheim war eben Heimat.

Als unser Zug bei Bad Schandau die Grenze passierte, jubelten wir erleichtert auf.

Angeworben

Unmittelbar nach der Rückkehr aus Österreich erfolgten die Verabschiedung an der Jugendhochschule und die Einsatzgespräche. Dem Lob für unser geschlossenes und überzeugendes Auftreten in Wien folgte die Delegierung an die künftigen Arbeitsstellen im Jugendverband. Ich wurde, nicht unerwartet, zurück nach Kyritz in die FDJ-Kreisleitung geschickt, wo ich die Funktion des 2. Sekretärs übernahm. Natürlich demokratisch auf einer Kreisdelegiertenkonferenz gewählt, wie sich das gehörte. Allerdings fiel alsbald der 1. Sekretär nach einer komplizierten Herzoperation aus und kehrte nicht wieder, so dass ich, neuerlich gewählt, diese Funktion übernehmen musste.

In jener Phase meldete meine Sekretärin zwei unangekündigte Herren an, die mich zu sprechen wünschten. Die beiden waren Genossen, sie gehörten wie ich der SED an, und nahmen darum kein Blatt vor den Mund. Sie kämen vom Ministerium für Staatssicherheit, fielen sie gleich mit der Tür ins Haus. Sie waren nicht von hier, das merkte man schon an ihrer Kleidung. Ich hatte sie aber auch noch nie auf der SED-Kreisleitung gesehen, wo ich gelegentlich dienstlich verkehrte.

»Wir brauchen Verstärkung«, erklärten sie. Sie brauchten nicht viele, aber gute Leute, sie brauchten mich.

Nun wusste ich nicht, dass Nomenklaturkader – und ich war so einer, denn mir war bereits eine Zukunft in der SED-Kreisleitung in Aussicht gestellt worden – für das MfS als tabu galten. Dennoch überraschte mich das Angebot einigermaßen. Natürlich, das sagte ich mir, die werden mich in der letzten Zeit, Wien inklusive, unter die Lupe genommen haben. Aber ich konnte mich wahrlich nicht entsinnen, besonders revolutionär und kämpferisch aufgetreten zu sein, dass ich denen vom MfS hätte auffallen müssen.

Die beiden gepflegten Genossen, vielleicht Mitte dreißig, setzten fort, ich müsste natürlich erst einmal auf die Schule, denn außer der 10. Klasse, einer abgeschlossenen Schriftsetzerlehre und einem Kursus an der Jugendhochschule hätte ich nichts vorzuweisen. Bekanntlich sei Bildung das A und O in jedem Gewerbe, insbesondere in diesem. Dabei, und das wurde mir erst im Nachgang bewusst, verschwiegen sie beharrlich, worin denn das Gewerbe bestünde, für das sie mich brauchten. Das ließen sie im Nebel. Nur eben: Dass ich beim Schutz- und Sicherheitsorgan dringender benötigt würde als in der FDJ-Kreisleitung Kyritz.

Ich sagte, dass ich einen kleinen Sohn und eine Frau habe, die zudem unser zweites Kind erwarte. Sie machten eine Handbewegung, die ich so deutete, dass ich mir darum keine Sorgen machen müsse, sie würden das schon übernehmen.

Dennoch bat ich mir Bedenkzeit und ein Gespräch darüber mit meiner Frau aus, schließlich forderten sie eine Entscheidung von mir, die meine ganze Biografie verändern dürfte.

Sie hatten nichts dagegen und verabschiedeten sich.

Meine Frau war nicht sonderlich begeistert. Sie schreckte weniger das Ministerium als vielmehr die Ansage, dass ich voraussichtlich zwei Jahre wieder auf eine Schule müsse, und das hieße – sie hatte noch meinen Bogensee-Kurs in unangenehmer Erinnerung – wochenlange Abwesenheit. Denn warum sollte es beim MfS anders sein als bei der FDJ? Da hatte es lediglich Wochenendurlaub aller vier bis sechs Wochen gegeben. Allerdings versöhnte sie die Aussicht auf einen späteren Wohnungswechsel, Berlin wäre natürlich etwas anderes als Kyritz. Dass Berlin keineswegs sicher sei, verschwieg ich zweckdienlich.

Meine Frau sollte sich in den nächsten beiden Jahren erfolgreich mit den Umständen arrangieren. Als zweifache Mutter erhielt sie eine monatliche Zuwendung in Gestalt meines fortlaufenden Gehalts von der FDJ-Kreisleitung und arbeitete für den Konsum.

Ich signalisierte den beiden Herren daher meine grundsätzliche Bereitschaft, dann hörte ich monatelang nichts. Schließlich erhielt ich die Aufforderung, mich am 1. September 1960 in Berlin-Lichtenberg an einer bestimmten Adresse einzufinden. Alles Weitere würde mir dort mitgeteilt werden. Ich solle gleich einen Koffer mit Sachen mitbringen, denn von dort gehe es unmittelbar zur Ausbildungsstätte.

Zum vereinbarten Termin fuhr ich nach Berlin. Ich war nicht der Einzige, der in einem Warteraum ausharren musste, um in ein Zimmer gerufen zu werden. In Kyritz war ich kurz zuvor in der FDJ-Kreisleitung offiziell zum Studium in die Sowjetunion verabschiedet worden. Da jeder wusste, dass ich kein Wort Russisch sprach, war der Legende noch hinzugefügt worden, ich würde an der

Hallenser Arbeiter- und Bauernfakultät zuvor noch einen Intensivsprachkurs absolvieren. Ich verschwand aus dem Leben, ohne dass Fragen hätten entstehen können. Lediglich meine Frau wusste Bescheid, und die musste schweigen.

Das Gespräch hinter verschlossener Tür führte jemand von der Kaderleitung, ich unterschrieb eine Verpflichtungserklärung und war fortan der »Kursant Horst Faber«, denn zur Konspiration gehörte auch das Führen eines Deck- oder Arbeitsnamens.

Etwa zwanzig zumeist junge Männer aus der ganzen DDR, wie ich unschwer an den diversen Dialekten und Mundarten bemerken konnte, bestiegen einen Bus. Übers Adlergestell ging es beim Schönefelder Kreuz auf den Berliner Ring, hinter Michendorf fuhr der Bus eine Linkskurve auf die Leipziger Autobahn, die er bei Niemegk verließ. Nach wenigen Minuten bog er von der Fernverkehrsstraße auf eine Holperpiste, die im Wald verschwand. Der Fahrer musste die Strecke wiederholt zurückgelegt haben, er kannte sich bestens aus, wie mir schien. Nach einer reichlichen Stunde stoppten wir vor einem Objekt. Davor stand ein Kontrollhäuschen mit Schlagbaum, an welchem ein Polizist Wache schob. Er ließ den Bus nach einem kurzen Wortwechsel mit dem Fahrer passieren.

Nachdem wir ausgestiegen und angetreten waren – eine Übung, die bislang kaum einer von uns je absolviert hatte, wie ich mit Genugtuung feststellte – hieß uns ein Mann in Uniform an der Zentralschule der Gesellschaft für Sport und Technik »Etkar André« willkommen. Ob sie schon damals den Namen des von den Nazis 1936 in Hamburg enthaupteten Kommunisten trug, weiß ich nicht; es kann sein, dass die geheime Schule der HVA ihren Namen erst später erhielt. Die Legende allerdings, dass es sich um eine Einrichtung der GST handele, wurde von Anfang an verbreitet.

Der Mann trug Uniform, war um die fünfzig und sprach unüberhörbar österreichischen Dialekt. Es handelte sich um Rudolf Bartonek, einem vormaligen Funktionär der KPÖ, den die Nazis nach dem Anschluss Österreichs zu 15 Jahren Zuchthaus verurteilt hatten. Zuletzt saß er in Zwickau, was auch erklärte, weshalb er nach seiner Befreiung in Sachsen geblieben war. Seit 1952 arbeitete er bei der Aufklärung, 1955 übernahm er als Oberstleutnant diese Schule, wie wir im Laufe der nächsten Monate erfuhren. (Bartonek sollte mit sechzig in Rente gehen und mit siebzig sterben.)

Das Objekt bestand aus zwei rechtwinklig verbundenen Gebäuden, in dessen Knick ein Flachbau gesetzt war, der Speiseraum. Dieser befand sich zu ebener Erde, während die Häuser, nimmt man noch die Mansarden im Dachgeschoss hinzu, drei Etagen zählten. Außerdem gab es noch einige Baracken mit Schulungs- und Wirtschaftsräumen.

Wir erhielten, was nur konsequent war, GST-Uniformen und Räume zugewiesen, die sich jeweils zwei Männer teilten, wobei man, wie ich bald merkte, Wert darauf legte, dass ein Grünschnabel mit einem etwas reiferen Genossen zusammengelegt wurde. Mein Bettnachbar hieß Manfred Reichel. Vermutlich hieß er aber ganz anders. Wir lebten in den folgenden zwei Jahren gemeinsam in einem Kämmerchen unterm Dach.

Wie ich beim ersten Appell registrierte, bildeten etwa zwanzig Mann eine Klasse oder Gruppe, und deren gab es vier. Wir Kursanten wurden in der Folgezeit im geheimdienstlichen Handwerk ausgebildet: Vom Werben und Funken über Anlegen von »toten Briefkästen« und Organisieren von Treffs bis hin zum Observieren und Abschütteln von »Schatten« war alles dabei. Wir lernten Legenden entwickeln – also fiktive Erklärungen für bestimmte Sachverhalte oder Personenangaben –, wie man mit »Quellen« umgeht, was persönliche und unpersönliche Verbindungen sind und wie man diese aufbaut und unterhält. Wir machten Gewaltmärsche über dreißig Kilometer, lernten Fotografieren und Autofahren und Englisch, denn das war die Sprache der NATO, also des Klassenfeindes. Die Sprache, die man im »Operationsgebiet« pflegte, mussten wir nicht mehr erlernen: Wir sprachen sie selbst.

Das Tagesregime war streng, wie überhaupt alles sehr straff militärisch gehandhabt wurde. Es erfolgte alles im Kollektiv: Wecken, Aufstehen, Frühsport, Morgentoilette, Saubermachen, Essenseinnahme, Einrücken zum Unterricht … Briefe nach Hause wurden im Sekretariat versiegelt und irgendwie in die Post eingespeist, Briefe von meiner Frau, und nur von ihr, kamen über ein Brieffach in Berlin. Wir paukten mit Leidenschaft und Inbrunst die Klassiker des Marxismus-Leninismus und die der Tscheka. Denn die Tschekisten waren unsere Vorbilder, auch wenn wir bis dato nie einen gesehen hatten. Die Sowjetunion galt als Pionier des Menschheitsfortschritts, auch ich war inzwischen zutiefst davon überzeugt, dass es so war.

Was draußen in der Welt geschah, erfuhren wir aus dem *Neuen Deutschland*, aus den Nachrichtensendungen des DDR-Rundfunks und -Fernsehens, andere Informationsquellen gab es nicht. Nur alle vier Wochen, wenn wir zum Wochenendurlaub nach Hause durften, entkamen wir für Stunden der verhängten »Quarantäne«.

Außerhalb unseres Ghettos passierte viel in jener Zeit, was uns aber nicht erreichte. Es sei denn, wie in meinem Falle, als die Schwester meiner Frau mit deren Mann verschwand. Schwager und Schwägerin hatten sich über Nacht nach Westberlin abgesetzt. Ich erhielt davon Kenntnis, als man mich »durch die Mühle« zu drehen begann. Eine Befragung jagte die nächste. Man wollte wissen, inwieweit ich von der Republikflucht gewusst hätte, vielleicht sogar an deren Vorbereitung beteiligt gewesen sei und dergleichen Unsinn mehr. Auch meine Frau wurde von der Kreisdienststelle des MfS in die Mangel genommen. Da wie hier tat man so, als seien wir von Anfang an in die Pläne eingeweiht gewesen. Nun müsste man nur noch den endgültigen Beweis für diese Ungeheuerlichkeit finden. Ja, meine Frau und ich wussten, dass die beiden mit ihrem Leben unzufrieden waren. Sie wollten in die Stadt, fanden dort aber keine Wohnung und keine Arbeit, die ihrer Qualifikation entsprochen hätte. Sie waren noch jung und ohne Kinder. Das waren hunderttausend andere in der DDR auch – und hauten doch deshalb nicht gleich ab. Allerdings besaßen diese nicht einen Großteil ihrer Verwandten im Westen wie die beiden, was sich stets als hilfreich erwies. Ihre Verwandtschaft hatte sich in Niedersachsen niedergelassen, nachdem sie aus dem Osten vor der Front geflohen waren.

Meine Frau und ich waren Mitte der 50er Jahre bei einer Familienfeier im Westen gewesen. Ihre Schwestern und Brüder partizipierten erkennbar am wirtschaftlichen Aufschwung der Bundesrepublik, auch einige der neun Geschwister der Mutter bauten an ihren Eigenheimen und waren zufrieden und glücklich. Wir sollten doch bleiben, sagten sie, wir beide würden allemal eine gut bezahlte Arbeit finden. Danach waren wir nie wieder dort, die Verbindung riss ab.

Meine Frau und ich waren von der Republikflucht genauso überrascht worden wie alle anderen auch, ihre Schwester hatte sie nicht von ihrer Absicht unterrichtet. Aber völlig überraschend passierte es natürlich nicht, wir kannten immerhin die Familie, zu der wir irgendwie dazugehörten.

Am Ende der Untersuchung gab es sowohl mit mir als auch mit meiner Frau abschließende Gespräche, in denen uns von den Genossen attestiert wurde, tatsächlich nichts gewusst zu haben. Die Zusage, dass unser Leben – und damit auch meine Ausbildung und nachfolgende Tätigkeit beim MfS – davon künftig nicht beeinflusst werden würde, war an unser beider Verpflichtung geknüpft, keinerlei Verbindung zu den Republikflüchtigen aufzunehmen, und falls diese uns kontaktierten, sollten wir es melden. Daran hielten wir uns: Von Stund an waren die beiden für uns gestorben.

Auch wenn die Sache damit formal erledigt schien, war sie es natürlich nicht. In meine bis dahin saubere Kaderakte kam ein schwarzer Punkt: Achtung, Westverwandtschaft! Und dass nun meine Familie und ich uns künftig der besonderen Aufmerksamkeit der Sicherheitsorgane unseres Landes erfreuten, versteht sich wohl von selbst. Ich greife vor: Mitte der 70er Jahre reisten auf Veranlassung meines damaligen Chefs Schwägerin und Schwager in die DDR. Die beiden kamen mit dem Auto, hörten sich an, was ihnen Wagenbreth vorschlug, aber die vorgeschlagene Rückkehr in die DDR blieb für sie ausgeschlossen. Sie hatten zwischenzeitlich gebaut und verspürten keine Neigung, noch einmal alles hinter sich zu lassen und neu zu beginnen.

Erstmals sahen wir uns nach der »Wende« wieder. Auf einem Autobahnrastplatz bei Birkenwerder leerten wir gemeinsam eine Flasche Sekt. Einmal noch besuchten wir sie in Niedersachsen, dann trennten sich unsere Wege endgültig. Seit mehr als einem Vierteljahrhundert haben wir uns nicht mehr gesehen, was ich jedoch verschmerzen kann. Uns verbindet nichts.

Im August 1961, in der Nacht vom 12. auf den 13., riss uns Alarm aus dem Wochenendschlaf. Wir zogen eilends unsere Uniform an und empfingen Waffen und scharfe Munition in der Waffenkammer. Der Befehl lautete, das Objekt zu sichern. Wir rückten aus und gruben rings um die Schule Schützenlöcher, in die wir uns mit der Waffe legten und in den nächtlichen Wald starrten. So lagen wir drei Tage und drei Nächte. Nach und nach sickerte der Grund für die Übung durch: Rings um Westberlin war die Grenze dichtgemacht worden. Wieso mussten wir dann die Schule vorm Klassenfeind schützen, wenn dem auf diese Weise seine Grenzen aufgezeigt worden waren? Logisch erschien uns das nicht, obwohl doch gerade Logik das A und O der Geheimdienstarbeit darstellte.

Nach drei Tagen ging die Ausbildung weiter. Gewohnt hart und schweißtreibend die militärische, intensiver die politische, denn mit der Grenzschließung war eine grundlegend neue Lage auch für uns Geheimdienstler entstanden. Berlin galt als Welthauptstadt der Spione, von Westberlin aus operierten nahezu alle westlichen Nachrichtendienste, denn die offene Grenze war ideal. Unbemerkt konnten die Agenten in die DDR und in den Ostblock einsickern. Das traf jedoch auch auf die östlichen Dienste zu. Unter den »Zonenflüchtlingen« waren nicht wenige, die auf diesem Wege in den Westen eingeschleust wurden. Strategisch, als Langzeitagenten, die Karriere im Westen machen und dann aktiv werden sollten, wenn sie interessante Jobs und Funktionen erreicht hätten. Die wechselseitige Infiltration schien nun nicht mehr möglich. Also mussten neue Wege gesucht und gefunden werden.

Und die Aufklärung fand sie. Beispielsweise wurden Spione unter dem Namen tatsächlich existierender Personen mit Vergangenheit in die Bundesrepublik eingeschleust. Ein typisches Beispiel war Johanna Olbrich. Die DDR-Pädagogin war 1966 mit der Identität einer Doppelgängerin – einer ehemaligen Westberlinerin, die in einem DDR-Heim lebte – über Frankreich nach Frankfurt am Main gereist und hatte sich dort niedergelassen. »Sonja Lüneburg« bewarb sich bei einer Versicherung, stieg auf und erwarb über die Jahre eine ganz gewöhnliche westdeutsche Arbeitnehmerbiografie. Im Auftrag der Zentrale bewarb sie sich 1969 vor dem erwarteten Regierungswechsel in Bonn als Sekretärin beim FDP-Bundestagsabgeordneten William Borm. Nach dem Ausscheiden Borms aus dem Bundestag – der im Übrigen ebenfalls für die DDR-Aufklärung tätig war, was aber erst nach seinem Tode bekannt werden sollte und was auch Olbrich nicht wusste – arbeitete sie nachfolgend für mehrere FDP-Generalsekretäre. Als schließlich Bundeswirtschaftsminister Martin Bangemann als Kommissar zur EU wechselte, begleitete sie diesen nach Brüssel. Allerdings unterlief Johanna Olbrich ein in dieser Branche tödlicher Lapsus. Während ihrer Rückreise aus Berlin auf der Südroute via Athen vergaß sie in einem Taxi in Rom ihre Handtasche mit den gefälschten Reisepapieren und etwa 5000 DM Reisespesen. Aus Sicherheitsgründen entschied Berlin, sie nach fast zwanzig Jahren erfolgreicher Arbeit aus Bonn abzuziehen, weil die Gefahr der Enttarnung bestand. Im August 1985 holte man sie in der Lübecker Bucht mit einem Boot über die Grenze. Das alles wurde erst in den 90er Jahren publik, als sie zu zwei Jahren und sechs Monaten verurteilt wurde. Martin Bangemann, als Zeuge geladen, begrüßte die Angeklagte vor den Augen des Gerichts demonstrativ herzlich. Die Spionage nahm er sportiv. Olbrichts Strafe wurde nach einem Revisionsverfahren 1994 zur Bewährung ausgesetzt …

Aufgrund meiner Vergangenheit als Volkskorrespondent hielt man mich für hinlänglich qualifiziert, die Wandzeitung der Schule zu betreuen. Diese hing am Eingang zum Speiseraum und wurde aufmerksam studiert, alle zehn Tage wechselte das Angebot der Lektüre. Ich wurde als deren Redakteur dafür verantwortlich gemacht, dass es dort immer etwas zu lesen und zu diskutieren gab. Einmal philosophierte ich, wie man zum überzeugten, standfesten Kommunisten werden würde und gab dem Text – vielleicht hatte mich Gagarins Kosmosflug inspiriert – die Überschrift: »Kommunisten fallen nicht vom Himmel«.

Die Zeile wurde von den Vorgesetzten als ironisch-doppeldeutig und überhaupt als politisch falsch eingeschätzt. Selbst in der Negation, Kommunisten stürzten niemals ab. Es herrschte erkennbar in den Köpfen der Vorgesetzten jene kommunistische Überheblichkeit, gepaart mit Argwohn und Kleingeist, die einem mitunter Angst einflößen konnte. Man hielt mir eine Gardinenpredigt und stellte einen Aufpasser an meine Seite. Ich will nicht sagen, dass er mein Zensor war, aber ich stand definitiv unter Kuratel, wenn ich mich an eine neue Ausgabe der Wandzeitung setzte.

Offenkundig kam man mit meiner Haltung so wenig klar wie ich mit dem straffen militärischen Reglement, das mit einem gewissen Misstrauen verbunden war. Ich entstammte dem Jugendverband, in dem man zwar alles ernsthaft, aber nichts verbissen sah. Wir jungen Leute nahmen das Leben mit einer gewissen Leichtigkeit, ohne darum gleich leichtfertig oder gar leichtsinnig zu sein. Hier kollidierten zwei unterschiedliche Lebensauffassungen miteinander, wobei ich meine, dass dies nicht unbedingt an der Institution, sondern doch eher an den konkreten Personen lag.

Dann rückten die Abschlussprüfungen näher, und ich war frohen Mutes, denn in allen Fächern hatte ich gute und sehr gute Noten, ein Scheitern war undenkbar. Anschließend sollten die Einsatzgespräche folgen. Dass zwischen der späteren Verwendung und der Meisterung der Prüfung ein Zusammenhang bestand, wusste auch ich. Nur die Besten würden in die Zentrale kommen.

Aus Berlin reisten mehrere Prüfer an, meist hohe Leiter aus der Zentrale. Der eine stellte sich mir als Werner Großmann, der andere als Horst Jänicke vor. Ich kannte die beiden nicht, hatte sie nie zuvor gesehen, wusste folglich auch nicht, für was sie bei der Aufklärung verantwortlich waren. Doch dass sie für die HVA arbeiteten, setzte ich zwingend voraus.

Sie beschrieben mir folgende Ausgangssituation: Das »Organ« bekommt den Hinweis, dass eine hochgestellte Persönlichkeit der Gegenseite als Quelle geworben werden könnte. Es folgten für mich schmückende Details. Die sich anschließende Frage lautete: Wie stellen Sie es an, diesen Mann für uns zu gewinnen?

Ich durfte mich in einem Nebenraum sammeln und vorbereiten, dann empfing man mich erneut. In einem halbstündigen Vortrag sollte ich alle Optionen der Anwerbung entwickeln und begründen.

Das tat ich.

Die beiden Genossen hörten sich alles aufmerksam an, nickten und machten sich Notizen.

Das sei alles sehr gut gewesen, sagten die beiden Prüfer, nachdem ich geendet hatte. Sie würden mir dennoch nur eine Drei minus geben können.

Ich schaute sie konsterniert an.

Mein Fehler, so begründeten die beiden ihr hartes Urteil, sei derart gravierend, dass sie nicht anders könnten.

Und worin habe der gravierende Fehler bestanden?

Ich hätte nicht überprüft, *woher* der Hinweis kam. Es könnte durchaus eine Falle gewesen sein, dass man also uns einen Agenten habe andrehen wollen. »Merken Sie sich das, Genosse Kursant: immer als Erstes die Quelle einer solchen Information überprüfen!«

Mit dieser Hypothek, zu der sich noch die Sache mit der Wandzeitung gesellte, ging ich in mein Einsatzgespräch. Ich rechnete mir keine großen Chancen aus und wähnte mich bereits am Ende meiner Geheimdienstlaufbahn, bevor diese überhaupt richtig begonnen hatte. Aber es wäre übertrieben zu behaupten, dass ich mich davor fürchtete. Gehst du eben zurück in die Kreisleitung, sagte ich mir.

Das Einsatzgespräch führte ein Major Rolf Wagenbreth, der, was ich damals nicht wusste, soeben stellvertretender Leiter bei der Aufklärung geworden war. Die war zuständig für »Auswertung und Information«. Wagenbreth arbeitete bereits seit fast vier Jahren in Berlin, wie ich erfuhr, zuvor erwarb er sich seine Sporen in der Bezirksverwaltung Frankfurt.

Ganz in der Tradition: Mit 14 wurde konfirmiert. Horst Kopp nach der Einsegnung, 1947

Vom Gut in Plänitz erfolgte 1962 der Wechsel in die Hauptstadt. In jeder Hinsicht eine Verbesserung

Wagenbreth machte einen sehr selbstbewussten und souveränen Eindruck. Prüfungsnoten interessierten ihn nicht, sagte er mir unumwunden, er interessiere sich für Menschen. Und deshalb *wolle* er mich. Die Aufklärung brauche auch pfiffige Leute in der Zentrale, nicht nur im Operationsgebiet. Mit Frau und zwei Kindern würde ich ohnehin nicht für den Auslandseinsatz taugen. Dafür benötige man vorrangig junge Genossen ohne Anhang und Verwandte im Westen, der Zug sei für mich also schon längst abgefahren.

Der Major, gerade mal vier Jahre älter als ich, beeindruckte mich in seiner Offenheit und Abgeklärtheit. Das war ein echter Profi.

»Passen Sie auf«, sagte er, »ich stecke Sie zu Ludwig Nestler in unsere Außenstelle in der Schwedter Straße. Außenstelle der Zentralen Auswertung, verstehen Sie, Abteilung VII/F.«

Ich nickte, obwohl ich nur Bahnhof verstand. Wagenbreth redete schnell und tat dabei so, als wäre ich kein Anfänger, sondern ein erfahrener Mitarbeiter.

»Und wofür steht F?«

Wagenbreth zuckte die Achsel. »Hat sich so aus dem Alphabet ergeben.«

»Keine Abkürzung?«

»Nee. – Nestler wird Ihnen schon sagen, was Sie wissen und was Sie machen müssen. Als Erstes werden Sie Berlin kennenlernen. Sie sind doch nicht von hier, oder? Sie kriegen von uns Geld und machen in den ersten Wochen nichts anderes, als die DDR-Hauptstadt mit öffentlichen Verkehrsmitteln zu erkunden, Taxi ausgenommen. Von Nord nach Süd und von Ost bis an die Mauer im Westen, rauf und runter, kreuz und quer. Sie sollen ein Gespür für die Stadt entwickeln, Straßen, Plätze und Gebäude kennenlernen, die für Ihre Arbeit wichtig sein könnten. Ich werde Sie auch mal zu einem Treff mitnehmen. Sie gehen links, ich gehe rechts um den Block, und dann observieren Sie den Treff, um festzustellen, ob wir observiert werden, verstehen Sie? Dazu muss man allerdings alle örtlichen Gegebenheiten kennen. Noch Fragen?«

Ich wagte eine: »Wo werde ich wohnen … Ich meine, ich habe Familie.«

»Wir quartieren Sie erst einmal möbliert in Pankow ein. Irgendwann kriegen Sie eine eigene Wohnung, damit Sie Ihre Familie nachholen können. Aus, aus …«, er blätterte in meiner Kaderakte, »aus Kyritz«.

So kam es auch.

»Gott mit uns«

Mein erster offizieller Arbeitstag in der »Zentrale« selbst – nach Berlinerkundung und Quartierwechsel – begann damit, dass ich mit dem Auto aus Pankow abgeholt und in die Ruschestraße nach Lichtenberg gebracht wurde. Zum ersten Mal betrat ich das damals noch überschaubare Gelände des Ministeriums. Der Innenhof erinnerte mich an die Kaserne in Stettin und an meinen Vater, den ich dort mit der Mutter während des Krieges besucht hatte. Alles wirkte viel, viel kleiner als in meiner Kindheitserinnerung, in welcher die Kaserne und der Appellplatz in Stettin riesengroß gewesen waren.

In einem Altbau neben dem Haus, in dem der Minister amtierte, saß die Aufklärung. Die Abteilung VII, bei der ich mich melden sollte, befand sich zu ebener Erde. Am Ende eines Ganges rumpelte unablässig ein Paternoster. Ich wurde zu Wagenbreths Büro geführt. In einem winzigen Vorzimmer saß eine Sekretärin, die mich dem Chef ankündigte, indem sie den Kopf durch dessen Tür steckte. Ich war enttäuscht: Der Major arbeitete in einem kleinen, überdies spartanisch eingerichteten Raum.

Die Büros, die er mir anschließend zeigte, schienen noch eine Spur bescheidener. Wagenbreth führte mich herum und stellte mich den Genossen des Sonderreferates VII/F als neuen Mitarbeiter vor. Anschließend sagte er, das solle ich alles wieder vergessen. Ich würde in einer Außenstelle arbeiten und lediglich in sehr dringenden Ausnahmefällen hier erscheinen müssen. Streng konspirativ natürlich, denn je weniger der eine vom anderen wisse, desto besser.

Dann kehrten wir in sein Büro zurück. Wagenbreth nannte mir nun auch den Namen seiner Sekretärin, Traudel Eckert. Sie übergab mir den Laufzettel: Kader- und Finanzabteilung, Buchhaltung, Dienstausweis etc. War eben eine richtige Behörde, wo alles für die Angestellten geregelt wurde. Nach dem Essen in der Kantine fuhr mich einer der Genossen, der sich Gerhard nannte, in die Außenstelle.

Die Schwedter Straße ist ziemlich lang und führt quer durch den Prenzlauer Berg, sie beginnt am Senefelder Platz und endet an der Bernauer Straße. Dort, unweit der Staatsgrenze, residierte in der Nr. 226 die Außenstelle der Abteilung VII/F. Die Truppe befand sich im Aufbau, wie unschwer zu bemerken war. Wagenbreth hatte sich aus der ganzen Republik qualifizierte Leute herangeholt: Historiker, Journalisten, Psychologen. Auch Geheimdienstler waren dabei, die wohl die Korsettstangen darstellten, aber die Mehrheit wurde von »artfremden« Fachleuten gebildet. Wie auch ich einer war: Schriftsetzer, FDJ-Funktionär aus der Provinz und dort gut vernetzt. Vielleicht war das einer der Gründe, weshalb mich Wagenbreth geholt hatte.

Das Gebäude, eine alte Mietskaserne, stand unweit des Stadions am Cantianeck, das nach Friedrich Ludwig Jahn benannt worden war. Es war das Heimatstadion des Oberliga-Fußballvereins ASK Vorwärts Berlin. Dort zog sich auch die Mauer zur Bernauer Straße hin. Am Hauseingang machte ein Firmenschild darauf aufmerksam, dass sich hier eine Vertretung des VEB Zekiwa befand. Zekiwa – ein Akronym aus **Ze**itzer **Ki**nder**wa**genindustrie – schickte sich an, Europas größter Kinderwagenproduzent zu werden, wir waren vorgeblich seine Verkaufsabteilung in Berlin. Die Legende war ziemlich überzeugend, obwohl sich nie ein Großkunde zu uns verirrte. In die große Eichentür waren drei Worte geschnitzt: »Gott mit uns«. Dieser fromme Wunsch schmückte deutsche Koppelschlösser während des Ersten und Zweiten Weltkrieges, er war der Wahlspruch der Hohenzollern seit 1701, als Preußen Königreich wurde. Aber auch Friedrich Wilhelm hatte ihn nur geklaut, denn »Nobiscum deus« brüllten schon die römischen Krieger, wenn sie über das Schlachtfeld stürmten. So trat ich denn durch ein Portal mit historischen Bezügen und doppeltem Boden: Wie sollte, konnte oder wollte der Herrgott uns Atheisten beistehen – vor allem aber: wobei? Und: Wer war *unser* Gott?

Die »Zekiwa-Vertretung« verfügte im Hochparterre über zwei große Räume und einen kleineren für den Chef, es gab etwas Flur und einige Abstellkammern, eine Toilette und eine Küche mit großem Tisch, an dem wir alle speisten. Die Räume waren hoch und darum kühl, im Winter kalt, denn die Kachelöfen, die wir selber beheizten, wärmten kaum, weil die darunterliegenden Souterrainräume leerstanden. So zog denn die Kälte von unten herauf. Jede Woche war ein anderer mit dem Heizen und dem Entsorgen der Asche dran, es ging nach Alphabet.

Zudem war es dunkel, was nicht nur an den langen, schweren Gardinen lag, sondern auch an den Bäumen

Die Schwedter Straße 226 im Prenzlauer Berg. Bis 1966 arbeitete hier im Hochparterre die VII/F, eine Außenstelle der Aufklärung

auf der Straße lag. Selbst im Hochsommer brannten tagsüber die Lampen auf unseren Schreibtischen. Zum Zählen der Mitarbeiter genügte eine Hand, der Chef hieß Ludwig Nestler. Auf zwei Schreibtischen standen

Schreibmaschinen, die wir uns folglich teilen mussten. Das alles machte keinen sonderlich ermutigenden Eindruck auf mich. Von hier aus und mit solch primitiven Voraussetzungen sollte der Klassenfeind aufgeklärt und ausgespät werden? So kam denn der Auftrag von Nestler nicht überraschend, dass sich jeder von uns erst einmal ein Netz inoffizieller Mitarbeiter in der DDR aufbauen solle. Über sie würden wir an Informationen gelangen, die wir für die operative Arbeit benötigten: Wo waren Leute aus dem Westen unterwegs, mit welchem Auftrag und mit welchen Kontakten? Je qualifizierter das IM-Netz, hatten wir an der Schule in Belzig gelehrt bekommen, desto wahrscheinlicher der Erfolg. Am besten seien Journalisten: Die kämen viel herum und würden viel wissen, als Quellen seien sie ideal.

Natürlich graste ich zunächst Freunde und Bekannte ab, die mir aus meiner Tätigkeit in der FDJ vertraut waren, denn ich wollte, so ist das mit dem Ehrgeiz und der Gruppendynamik, nicht mit leeren Karteikarten vor meinen Genossen stehen. Also nahm ich, was ich kriegen konnte. Es verhielt sich so wie bei den 1990 im Osten akquirierten unzähligen Versicherungsvertretern, die zuerst ihre gesamte Bekanntschaft und Verwandtschaft mit Versicherungspolicen überschwemmt hatten.

Allerdings warb ich nicht alle Kontaktpersonen an, sondern legte sie nur ein. Ich vermerkte sie auf der Karteikarte F 16, womit sie als »blockiert« galten. Wenn sich also eine andere Abteilung für die betreffende Person interessierte und den Vermerk sah, wusste man dort: Achtung, der Mann oder die Frau ist tabu, da ist schon ein anderer dran. Die meisten der »Eingelegten« bekamen dies überhaupt nicht mit, was da über sie festgehalten wurde: Tätigkeit, Kontakte, Aktionsradius, Familie, soziales Verhalten, Auffälligkeiten, charakterliche Stärken und Schwächen, Zuverlässigkeit, Qualifikation etc.

Eine der von mir auf diese Weise markierten Personen war ein Redakteur in der Kreisredaktion der *Märkischen Volksstimme* in Kyritz. Nach der »Wende« und beim Stöbern in den Archivunterlagen des MfS stieß man auch auf ihn. Ein Journalist einer großen Boulevardzeitung blies zum großen Jagen, denn er glaubte, einen abgetauchten »Stasi-Spitzel« gefunden zu haben, den man wegen der Moral und enttarnten Vergangenheit aus dem Amt treiben müsste.

Der Kollege aus Kyritz fiel mit allem Recht aus allen Wolken, denn er wusste nichts, aber auch wirklich nichts, weshalb er attackiert wurde.

Ich rief ihn an und erklärte ihm, wie vor etwa dreißig Jahren sein Name auf eine Karteikarte des MfS gekommen war. Er war, wie sich denken lässt, darüber nicht sonderlich amüsiert, nahm aber trotzdem meine Entschuldigung an. Nüchtern betrachtet war nichts geschehen, der ehrenwerte Mann war lediglich eine Karteileiche und wäre eine solche geblieben, hätten nicht die selbsternannten »Stasi-Jäger«, die keine Ahnung hatten, ihn ausgegraben.

So aber wurden er und viele andere Ossis unverschuldet ans Kreuz genagelt von Pharisäern und Philistern, die zumeist aus dem Westen stammten. Diese Journalisten waren, wie ich aus meiner Tätigkeit wusste, in großer Zahl selbst mit Geheimdiensten verbandelt, natürlich den guten, weshalb es alles rechtens war (und ist), was sie taten (und tun), während sich ihre Kollegen, die sich mit einem östlichen Nachrichtendienst eingelassen hatten, es mit den Ganoven getrieben hatten und darum an den Pranger gehörten.

In den vier Jahren, die ich dort in der Außenstelle arbeitete, habe ich insgesamt etwa 20 bis 25 Personen als IM geworben oder »eingelegt«.

Jeden Morgen erschien Gerhard zehn Minuten vor acht in unserem Büro. Man konnte die Uhr nach ihm stellen. Er war Kurier und unsere einzige Verbindung zur Zentrale. Mit vollständigem Namen hieß er Gerhard Schubert. Er brachte jeden Morgen versiegelte Taschen aus lilafarbenem Kunstleder. Für jeden Mitarbeiter eine. Darin befanden sich Formulare, Karteikarten, Telefonverzeichnisse und Arbeitsunterlagen, die wir für das Tagwerk brauchten. Kurz vor 17 Uhr kam Gerhard erneut, um die Taschen wieder abzuholen, damit sie über Nacht in einem der unserer Außenstelle zugewiesenen zwei Panzerschränke in der Zentrale eingeschlossen wurden, um am nächsten Morgen wieder in die Schwedter Straße gebracht zu werden. Materialien, die zur Weiterbearbeitung oder Ablage in der Zentrale verbleiben sollten, waren entsprechend gekennzeichnet und wurden dort der Mappe entnommen.

Unser Arbeitskollektiv bildete selbstredend eine Parteigruppe, die regelmäßig in dieser Funktion zusammenkam, um die Mitarbeiter ideologisch zu stählen. Neben den Versammlungen erfolgten Parteiaussprachen, Politinformationen und das Parteilehrjahr. So schulten und erzogen wir uns gegenseitig.

Parteigruppenorganisator war Heinz Dornberger. Der gelernte Tischler stammte aus Thüringen. Dort hatte er bei der Abwehr in der Bezirksverwaltung Gera gearbeitet, ehe er nach Berlin geholt worden war. Heinz war gleichermaßen kameradschaftlich wie ehrgeizig, er wollte immer der Erste sein. In der operativen Arbeit, das sollte ich bald bemerken, erwies er sich als einfallsreicher Fuchs. Wir freundeten uns bald an. Unsere Freundschaft überdauerte manche Krise, nicht aber meinen Sturz.

Der zweite Mitarbeiter in der Außenstelle hieß Edgar Schneider. Er wirkte unnahbar und trug die Nase ein wenig hoch, weil er bereits mit seiner Ehefrau einige Jahre im Operationsgebiet als Resident gearbeitet hatte und von uns allen folgerichtig über die meiste praktische Erfahrung verfügte. Das ließ er uns spüren. Es hatte in der operativen Arbeit im Westen Probleme gegeben, aber er und seine Frau konnten sich noch rechtzeitig absetzen. Schneider war mit einem VW aus dem Westen geflohen, den er noch immer fuhr, was ihn erkennbar aus der Masse der DDR-Bürger inklusive der Mitarbeiter des MfS heraushob. »Walter« hielt sich in unserer Gruppe für den einzigen Intellektuellen. Solche und andere Allüren schleiften sich jedoch nach und nach ab, so dass auch wir Freunde wurden. Allerdings war unser beider Verhältnis nie so eng wie das zwischen Heinz Dornberger und mir. Schneider war ein sehr pedantischer Arbeiter und überdies sehr zuverlässig, allerdings hatte er Kommunikationsprobleme, was offenkundig Folge des langjährigen Aufenthaltes in der BRD war: Er tat sich schwer bei der Arbeit mit DDR-IM.

Dritter im Bunde war Horst Brunke, der seine Sporen als Reisekader und Instrukteur im Operationsgebiet erworben hatte. Vom Typus her der Gegenentwurf zum akribischen Schneider. Brunke war ein Hallodri, ein Hans-Dampf-in-allen-Gassen, risikofreudig bis zur Leichtsinnigkeit. Auf der anderen Seite wirkte er gutmütig, war er ein Kumpeltyp, hilfsbereit und selbstbewusst und der Einzige von uns, der auch mal dem Chef zu widersprechen wagte. Mit dem Chef, Ludwig Nestler, teilte er die Liebe zu den Frauen und zum Alkohol, was beiden zum Verhängnis werden sollte.

Nestler war Historiker und kein Kind von Traurigkeit. Wenn er mal über Nacht versackt war, meldete er sich telefonisch, dass er in dienstlicher Mission unterwegs sei und darum etwas später käme. Die Vorgesetzten ließen vieles bei ihm durchgehen, denn unter den operativen Mitarbeitern der Aufklärung war er ein »Star«, ein seinerzeit und in der DDR völlig unüblicher Begriff. Doch aufgrund seiner nachweislichen Erfolge – er warb namhafte Persönlichkeiten, an die sich kaum einer von uns heranwagte, als Quellen für uns an – wussten die Chefs, was sie an Nestler hatten.

Allerdings trieb er es einmal zu toll. Das kostete ihn das Amt, weil davon auch andere Wind bekamen: Nestler feierte hin und wieder im »Budapest« an der Karl-Marx-Allee. Zu früher Morgenstunde ließ er ein Taxi kommen und charterte einen der ungarischen Geiger, die die ganze Nacht die Feier musikalisch umrahmt hatten. Den Taxifahrer hieß er den Strausberger Platz so lange zu umrunden, bis er dem Spiel des Geigers nicht mehr lauschen mochte. Bevor jedoch dieser Punkt des Überdrusses erreicht war, fiel einer Verkehrsstreife der Volkspolizei die Karussellfahrt auf. Sie stoppte das Fahrzeug und zog den volltrunkenen Passagier wortwörtlich aus dem Verkehr. Daraufhin musste er seinen Platz in unserer Außenstelle räumen und als OibE, als Offizier im besonderen Einsatz, in das Dokumentationszentrum des Ministeriums des Innern wechseln. Dort war er sehr aktiv, sowohl für die Aufklärung als auch als Historiker. Er promovierte und betreute seit 1967 Beate Klarsfeld und deren Mann Serge. In den 80er Jahren, inzwischen Leiter der Einrichtung und Professor, war er maßgeblich an der Erarbeitung des auch international sehr beachteten Sechsbänders »Europa unterm Hakenkreuz« beteiligt. Außerdem verwahrte er die Goebbels-Tagebücher, die in Aluminiumkisten im Hitlerbunker entdeckt worden waren, als sich die DDR anschickte, die Mauerbrache an der Wilhelmstraße zu bebauen. Diese spannende Geschichte jedoch hier wiederzugeben, würde zu weit führen. Nestler verstand sich in den anderthalb Jahren, in denen er mein unmittelbarer Vorgesetzter war, als mein Mentor, und hinsichtlich seiner Arbeitsauffassung und -moral, die mitunter in ansteckende Arbeitswut ausartete, sah ich in ihm auch ein Vorbild. Nestler verstarb 1993. Elf Jahre später starb auch Horst Brunke.

Wie fast alle von uns zog ich die operative Arbeit draußen der Schreibtischarbeit vor. Wir begleiteten gern »Reisejournalisten« durchs Land – die DDR akkredierte keine Korrespondenten westlicher Medien, weil sie, was natürlich in den meisten Fällen zutraf, diese für potenzielle Spione hielt. Auf der anderen Seite wollten/durften sich diese Journalisten nicht vom Außenministerium eines Landes akkreditieren lassen, das es gar nicht gab. Erst in den 70er Jahren, nach der Unterzeichnung des Grundlagenvertrages zwischen der BRD und der DDR, konnten Westjournalisten bei uns ihren Wohnsitz nehmen. In der verlängerten Adenauer-Ära, die faktisch erst nach den CDU-Kanzlern Erhard und Kiesinger zu Ende gehen sollte, war der Bonner Alleinvertretungsanspruch Gesetz. Die »Soffjetzone«, wie Adenauer uns noch immer nannte, war kein Staat, sondern ein Territorium, das befreit werden musste.

»Begleiten« hieß entweder observieren oder als dienstbarer Geist den Journalisten durch die DDR zu führen. Als Werbekandidaten waren die Reisejournalisten hingegen für uns tabu, denn die Gefahr, dass sie darüber daheim in ihrem Medium Mitteilung machten, war zu groß. Blamieren wollten wir uns nicht. Darum ging es dabei nur um die sogenannte Kontaktarbeit.

Bei den Werbungen konzentrierten wir uns vorrangig auf die Gewinnung von IM aus dem eigenen Lager. Und wie bereits erwähnt, kaprizierte ich mich dabei auf mein privates Umfeld. Dabei kam mir mitunter der Genosse Zufall zu Hilfe. Beispielsweise lief mir mein alter Schulfreund Günter Bohnsack auf dem Alexanderplatz vor die Füße. In einem seiner geschwätzigen Bücher, die er nach 1990 vermutlich nicht nur im Selbstauftrag publizierte, gibt er diese zufällige Begegnung wieder, in der er mich »Horst Saar« nennt. Das war bekanntlich der Mädchenname meiner Mutter und neben »Faber«, den ich in Belzig führte, mein zweiter Deckname.

»Unverhofft spricht mich ein jüngerer Mann freundlich an. Ich erinnere mich alter Zeiten: Ja, natürlich – Horst Saar! Nach dem Krieg saß er mit mir im Brandenburger Land auf einer Schulbank. Waisenkind, immer etwas vorlaut im Unterricht, Fußballspieler, guter Kumpel. Seiner Einladung auf ein Bier folgend, sitzen wir wenig später in einer Restauration, Erinnerungen werden ausgetauscht. Unbefangen schildere ich meine persönliche Situation – nicht ahnend, dass der Freund sie nahezu so gut kennt wie ich selbst. Schon vor Jahr und Tag hat er mich ›getippt‹, das heißt, meinen Werdegang beobachtet, dann schon mal die Akteneinsicht beantragt und eine kleine gelbe Karte in seine zentrale Kartei gesteckt. Amtlich hieß das ›IM-Vorlauf‹ oder ›Erfassung zugunsten einer HVA-Diensteinheit‹, der er, wie er mir später offenbarte, als Unterleutnant angehörte. Die dienstlichen Offenbarungen schließen auch die Mitteilung ein, dass die gesamte Fakultät für Journalistik als Basisobjekt der Hauptverwaltung A bearbeitet und als Kaderschmiede betrachtet werde.

Zunächst jedoch unterlässt es mein Gesprächspartner, mir reinen Wein einzuschenken. Er hat den ›Prozess der Werbung‹ eingeleitet und den Kandidaten ›unter Legende‹ angesprochen. So jedenfalls nennt es die Diktion der HVA-Schule in Belzig unter dem Stichwort ›Operative Methodik‹. Danach hüllt sich mein Unterleutnant wochenlang in Schweigen.«

Allein die Diktion offenbart – auch hier greife ich mal wieder vor – Bohnsacks Seitenwechsel. Das zitierte Buch, »Die Legende stirbt«, erschien 1997.

Ich besuchte damals diesen meinen langjährigen Freund Günter, den ich seit 1985 aus den Augen verloren hatte, in seinem Reihenhaus in der Freienwalder Straße in Alt-Hohenschönhausen. Er bekundete freimütig, dass er jetzt seinen Lebensunterhalt mit Zuwendungen aus dem Westen bestreite, als Gutachter und Zeuge, weshalb wir besser keine Verbindung aufnehmen sollten. Wie aufs Stichwort klingelte es. Kurzatmig tappte der von Krankheit Gezeichnete zur Tür, vor der ein junger Mann stand und aus der Tasche einen verschlossenen Umschlag hervorholte, den er wortlos Bohnsack reichte. Die beiden schienen sich zu kennen, in unseren Kreisen pflegte man einen solchen Boten Kurier zu nennen. Bohnsack war inzwischen auf die Hilfe einer Pflegerin angewiesen, welche wie die Reinigungskraft, die sich bei ihrer Tätigkeit von uns nicht stören ließ, aus Polen zu stammen schien. Wenn es ihm gesundheitlich besser ginge, könnte er über sein Leben nicht meckern, sagte er, als er sich schwer in den Sessel fallen ließ. Er öffnete das großformatige Kuvert und holte ein Buch hervor.

Es schien sich um ein gebundenes Manuskript zu handeln. Er werde »mit allem« versorgt, meinte er ironisch, und »mit allem« schien er auch Informationen über seine früheren Kollegen zu meinen. Gelegentlich ließ er nämlich einfließen, was dieser und jener auf dem einen oder anderen »Klassentreffen« gesagt habe, woraus ich schloss, dass diese Zusammenkünfte der Ehemaligen entweder abgehört wurden oder dass man dort eine ergiebige Quelle sitzen hatte. An seinem früheren Arbeitgeber ließ Bohnsack kein gutes Haar: Sarkasmus und Spott durchzogen seine Rede, die immer wieder durch lange Pausen unterbrochen wurde, in denen er nach Luft rang. Seit 1990 könne er endlich so leben, wie er es schon immer gewollt hatte, nur die Gesundheit … Und so lange er noch schnaufen könne, werde er aus seinem Herzen keine Mördergrube mehr machen, er habe in »seinem Keller gutes Material«. Das klang nicht nur wie eine Drohung. Es war auch eine.

Er könne nichts für mich tun, sagte er unvermittelt, was mich insofern irritierte, als ich weder die Absicht hatte, ihn darum zu bitten, noch irgendeine Andeutung gemacht hatte, dass es mir als Arbeitslosem ziemlich beschissen ging. Nur die Sache mit meinem Rausschmiss 1985 täte ihm leid, so hätte man mit mir nicht umgehen dürfen, mit mir, einem Zweihundertprozentigen.

Aus Nebensätzen und Andeutungen konnte ich unschwer schließen, dass mein damaliger Freund und Kupferstecher Bohnsack sich nicht unbedingt als mein Verteidiger in den geheimen Runden hervorgetan hatte, was nun, da ich ihm gegenüber saß, einen Anflug von Scham bei ihm hervorrief. Kurz nur, aber merklich für unsereinen, der auf das Vernehmen von Zwischentönen trainiert ist. Dann wandte er sich wieder seinem Generalthema

Oberstleutnant a. D. Günter Bohnsack war nach eigenem Bekunden gegenüber seinem ehemaligen Schulfreund Kopp ab 1990 für »die andere Feldpostnummer« tätig

zu, der HVA und insbesondere der Abteilung X. Genüsslich und scharf zog er über seine ehemaligen Kollegen und Chefs her, dass seine ohnehin geröteten Wangen noch um einige Grade erröteten.

Ich solle über meinen »Dürer« schreiben und das Leben genießen, gab er mir schließlich mit auf den Weg, womit er mich nun nicht mehr überraschte: Über Fleissmann hatten wir zu keiner Zeit gesprochen, weder damals noch heute, und wenn alles mit rechten Dingen zugegangen wäre – was es offenkundig nicht war –, hätte er IM »Dürer« weder kennen noch wissen dürfen, dass ich einst dessen Führungsoffizier gewesen bin.

Unsere Verabschiedung fiel kurz aus.

Und dann las ich das in seinem Buch, dessen Rücktitel eben jenes Foto zierte, auf dem nicht erkennbar war, ob es vor oder nach dem Ende der HVA entstanden war. Nein, ich hatte ihn keineswegs schon »vor Jahr und Tag« ins Visier genommen, als er mir auf dem Alex zufällig vor die Füße lief. Erst im Gespräch erfuhr ich von ihm, dass er in Leipzig Journalistik studierte und aktuell ein Praktikum bei der *Berliner Zeitung* absolvierte. Da wurde er natürlich für mich interessant. Ich weiß nicht mehr, wie viel Zeit zwischen unserer ersten Begegnung und dem Wiedersehen in seiner damaligen Wohnung verstrichen war. Tatsache ist, dass ich ihn werben wollte. In seiner Darstellung, das schuldete Bohnsack dem Zeitgeist, habe er sich ablehnend verhaltend. »Schnüffelei ist nicht meine Welt, und mit einer Pistole kann ich auch nicht umgehen«, habe er angeblich gesagt. Und außerdem sei er »Parteikader« gewesen, da hätte er nicht einfach abhauen können, ohne die Genossen zu fragen. Aber dann unterschrieb er trotz vermeintlichen Widerstands die Verpflichtungserklärung und gab sich selbst den Decknamen »Bernhard«.

Nachdem Bernhard-Bohnsack nach dem Studium zunächst als Betriebszeitungsredakteur in ein Stahlwerk gesteckt worden war, erinnert sich »Horst Saar, inzwischen zum Leutnant befördert«, so Bohnsack in seinem Buch, »an den Kandidaten von einst. Er erkennt dessen missliche berufliche Lage als begünstigenden Umstand und nimmt den Kontakt wieder auf«.

Es war, meinte Bohnsack, der 1. September 1964. »In einer konspirativen Wohnung in der Schönhauser Allee breitet sich eigentümliche Festlichkeit aus. Eine Kerze brennt, Leutnant Saar guckt bedeutungsvoll. Major Wagenbreth, der Abteilungschef, hat es sich nicht nehmen lassen zu erscheinen. ›Das ist ein ganz moderner Typ, so ähnlich wie Wolf selber‹, hatte Horst Saar vorab wissen lassen. ›Der trockene Kader-Mann ist Formsache, den siehst du nie wieder.‹ Der heiße Kaffee dampft in der Tasse, eine Schale mit Keksen steht auf dem Tisch. Der Kadergenosse hüstelt. In breitem Sächsisch beginnt er seine Rede. Von Ehre und Verantwortung spricht er, von neuen Gliedern in langer Kette und tschekistischen Traditionen.

Major Wagenbreth bemerkt meine Hilflosigkeit und zwinkert kurz. Leutnant Saar starrt, offenbar auch von der Feierlichkeit angerührt, ins Kerzenlicht. Der Redner kommt zum Schluss. ›Genosse, von heute an stehst du an einem bestimmten Platz der unsichtbaren Front. Herzlichen Glückwunsch!‹«

Tatsache ist, dass ich mich um Bohnsack bemühte, obwohl er als Student in Leipzig wegen eines anstößigen Kabaretttextes politisch in Verschiss geraten war. Wagenbreth zeigte sich noch aus zwei anderen Gründen zurückhaltend: Erstens hatte Bohnsack Verwandte im Westen, zweitens soll sein Vater bei der Wehrmacht ein »Zwölfender« gewesen sein, also ein langgedienter Unteroffizier, der sich freiwillig zu den faschistischen Streitkräften gemeldet hatte. Das machte ihn in den Augen der HVA-Kaderleitung suspekt. Ich aber plädierte für seine Übernahme: Bohnsack war sehr intelligent und selbstbewusst, redegewandt und witzig, überdies konnte er sehr gut schreiben, was er bereits verschiedentlich unter Beweis gestellt hatte. Das wäre ein idealer IM in irgendeiner zentralen Redaktion, dachte ich mir. »Inoffizieller Mitarbeiter«, sagte dann Wagenbreth zu meiner Überraschung, »nee, wir machen ihn zum offiziellen«. So kam es denn zu jenem 1. September 1964. Ich hatte allerdings damals nicht den Eindruck, dass wir Günter zum Jagen hätten tragen müssen, wie er später glauben machen wollte.

Wir kamen uns in der Folgezeit immer näher, auch unsere Familien rückten zusammen, und entgegen der Regeln der Konspiration berichteten wir uns wechselseitig auch Privates. Wir saßen gemeinsam im Glashaus, wie wir uns offenbarten: Seine Mutter und meine Schwiegermutter pflegten aktiv Verbindungen in die Bundesrepublik, was ich von einer im Kyritzer Volkspolizeiamt tätigen Bekannten erfuhr, wenn die Rentnerinnen dort einen Reiseantrag abgegeben hatten. Und dass ein Rest von dieser Freundschaft auch die »Wende« überdauerte, sah ich auch daran, dass er in seinen Büchern mich nicht mit Klarnamen nannte. Da er inzwischen verstorben ist und außerhalb Berlins an unbekanntem Ort bestattet wurde, gilt diese Zurückhaltung für mich nicht mehr.

Einige Male haben wir zusammen West-Vorgänge bearbeitet, was nicht unüblich war. Wir wurden, auch später, gemeinsam bei der Messe in Leipzig und bei der Ostseewoche in Rostock, bei Parteitagen und Sportveranstaltungen, auf internationalen Pressekonferenzen und Jugendtreffen eingesetzt. Oft kooperierten wir dabei mit den von unseren Chefs geführten IM im Presseamt des Ministerrates, Hermann von Berg und Manfred Müller.

Bohnsack war der Mann für die aktiven Maßnahmen, der Bruder Leichtfuß – ich der Werber und vorsichtige Vorgangsführer. Wir ergänzten uns gegenseitig, heute würde man sagen: Wir waren ein gutes, erfolgreiches Team. Selbst ein Fernstudium am Institut für Internationale Beziehungen in Potsdam-Babelsberg absolvierten wir gemeinsam und schlossen es 1975 als Diplomaußenpolitiker ab.

Hermann von Berg (IM »Günther«) beispielsweise wies mir bei bestimmten Veranstaltungen einen Platz neben einem Herrn aus dem Westen zu, an dem wir interessiert waren. Irgendwie baute ich dann ein Gespräch auf, aus dem ich für uns relevante Informationen filterte. In der Sprache der Geheimdienstler nennt man das »abschöpfen« oder »Kontaktarbeit«.

So hielten wir es auch mit den westlichen »Reisejournalisten«, die wir bei Exkursionen durch die DDR begleiteten. Obwohl wir uns als Mitarbeiter des Presseamtes oder vergleichbarer Institutionen ausgaben, wussten die meisten, dass dies nur eine Legende für unsere eigentliche Profession war. Die gewöhnlich sehr gut vorbereiteten Journalisten waren keine heurigen Hasen, nicht die »nützlichen Idioten«, als die sie Hans-Jürgen Börner, ARD-Korrespondent in der DDR von 1986 bis 1989, abfällig titulierte. Es war ein wechselseitiges Geben und Nehmen, was auf gegenseitigem Respekt beruhte und von dem beide Seiten wissentlich profitierten. Manche

Kontakte blieben nicht auf einmalige Begegnungen beschränkt, einige Verbindungen bestanden über Jahre und wurden bewusst und mit Vorsatz von der Gegenseite in Anspruch genommen.

Nachdem Ludwig Nestler versetzt worden war, platzierte man Gerhard Schubert auf seinen Stuhl. Doch dieser war kein Leiter, sondern ein Kraftfahrer. Er erwies sich als unfähig, selbst eine so kleine Truppe wie die unsrige zu führen. Wir signalisierten das der Zentrale, nach zwei Monaten löste man Schubert wieder ab. Ebenso erging es Werner Steinführer, der nur kurze Zeit amtierte. Ich vermute, dass beide es nicht sonderlich bedauerten, von dieser sie überfordernden Aufgabe entbunden zu werden.

Neuer Leiter wurde Rolf Rabe, der zuvor in der Bezirksverwaltung Schwerin als stellvertretender Referatsleiter gearbeitet hatte. Er war ein großgewachsener, sportlicher Typ, ein wenig introvertiert, aber rhetorisch brillant und sehr selbstbewusst. Jede Geste unterstrich, dass er noch einiges mit sich vorhatte. Seine Ambitionen waren nicht zu übersehen, weshalb er dieses Pöstchen allenfalls als Intermezzo annahm. Was damals nicht absehbar war: Rabe sollte 23 Jahre lang mein unmittelbarer Vorgesetzter bleiben, aber Freunde wurden wir trotzdem nicht. Ich schätzte seine sachliche, nüchterne, ruhige Art. Seine operative Fantasie und sein Mut hingegen schienen begrenzt, was er glaubte, mit Wortgeklingel kaschieren zu können. Mit seinen Witzchen und Informationen über Sport und Frauen, die er ausnahmslos aus den uns zugänglichen Westmedien bezog, war er bei seinen Chefs ein gern gesehener Unterhalter, was ihn mir in gewisser Weise suspekt machte. Er schien diese Fähigkeit gezielt einzusetzen, um sich bei der Obrigkeit beliebt zu machen. Seine Ansprachen zu Geburtstagen, seine Diskussionsbeiträge auf Partei- oder Dienstversammlungen kamen immer sehr gut an. Mich stieß vor allem ab, wie er versuchte, sich uns Mitarbeitern gegenüber wie Wagenbreth zu geben. Er wollte wie dieser loyal, gerecht und verständnisvoll wirken, was er aber nicht war. Es entsprach nicht seinem Charakter, das wirkte gekünstelt, nicht echt.

Im Laufe der nächsten Monate gingen einige Leute und neue kamen hinzu. Vor allem aber kam meine Familie nach Berlin. Anfang 1963 rollte der Möbelwagen vor, ein altersschwaches Gefährt, das die Fahrt von Kyritz bis in die Schönhauser Allee mit Ach und Krach geschafft hatte. Ihm folgte der Pkw der Firma, in dem meine Frau mit unseren Kindern saß. Wie so oft trug sie auch jetzt beim Umzug der Familie die Hauptlast, meine Kollegen und ich hatten lediglich einige Räume der neuen Dienstwohnung in der Dänenstraße hergerichtet. Und während wir im Warmen unser Bier tranken, mussten Frau und Kinder in Nauen in der klirrenden Kälte zuschauen, wie der Fahrer einen geplatzten Reifen wechselte. Wir hatten damals richtige »Russenkälte«, der Winter von 1962 auf 1963 sollte als einer der strengsten des 20. Jahrhunderts in die Geschichte eingehen. Die Ostsee war komplett vereist, und auf der Spree konnte man Schlittschuh laufen.

Ich hatte alles so weit vorbereitet. Auf meine Frau wartete Arbeit in der Thulestraße, die Kinder waren in der Krippe und im Kindergarten angemeldet. In der Nachbarschaft im Mietshaus hatte ich erfolgreich die Legende gestreut, hier zöge ein im Presseamt des Ministerrates beschäftiger Journalist ein. Unter dieser Firmierung trank ich auch in der Dorfkneipe zu Plänitz oder in Kyritz mein Bier, wenn ich später in die alte Heimat besuchsweise zurückkehrte. Damit war auch hinlänglich begründet, wenn ich denn bei irgendwelchen Messerundgängen oder Pressekonferenzen zufällig ins Bild geriet. Das ließ sich nicht immer vermeiden. Aber es genügte für den Betrachter, mich in der Rolle eines gut Informierten zu sehen. Ich sei doch »dicht dran«, hieß es, was die Annahme suggerierte, ich wäre täglich zum Tee bei Ulbricht und später bei Honecker, um mit denen die wichtigen Fragen der Gesellschaft zu erörtern: Warum gibt es in Kyritz keine Bananen? Weshalb kann mein Junge nicht zur EOS? Wieso darf ich nicht in den Westen reisen? Und dergleichen Fragen mehr, auf die ich so wenig Antwort wusste wie die Fragesteller selbst. Natürlich gab ich eine prinzipielle politische Auskunft, die aber mitunter jenseits der Logik lag: Die Gesellschaft, die wir gemeinsam aufbauten, war ja nicht fertig und hatte Webfehler – doch dies zuzugeben, hatten »die oben« nicht den Mut und vielleicht auch nicht die Einsicht, und uns »hier unten«, den treuen und gläubigen Parteisoldaten, fehlte jener Zweifel, den Karl Marx nicht nur vor den Beginn wissenschaftlicher Forschung gesetzt wissen wollte. Die Maxime lautete nicht »An allem ist zu zweifeln«, sondern »Die Partei, die Partei, die hat immer recht«. Wer aber war »die Partei«?

Nun war und ist völlig richtig, dass man nicht mit Zweifeln eine neue Welt errichtet, sondern mit politischer Überzeugung, einem festen Willen und mit einem klaren Ziel vor Augen. Und unsere Aufgabe beim MfS, versicherten wir uns wechselseitig auf Parteiversammlungen und Dienstberatungen, bestand darin, diese friedliche Aufbauarbeit »abzusichern«, d.h. Spionage- und Sabotageangriffe des Klassenfeindes abzuwehren.

Und zwar nicht erst auf unserem Territorium, wenn die Attacken bereits liefen, sondern dort, wo sie ausgeheckt und in Gang gesetzt wurden. Dafür gab es die Aufklärung, die mit der Abwehr unter einem Dach, in einem Ministerium, kooperierte. In diesem Kontext war auch die spezielle Tätigkeit unserer Abteilung zu sehen: Wir waren Teil der kollektiven Anstrengungen, die Hallstein-Doktrin und den Bonner Alleinvertretungsanspruch zu überwinden und die internationale Anerkennung der DDR durchzusetzen. Das war nicht Selbstzweck, sondern sollte die äußeren Rahmenbedingungen für den Aufbau des Sozialismus in unserem Land verbessern. Wir leisteten also einen sehr speziellen Beitrag bei einer gesamtgesellschaftlichen Strategie. Oder wie die Dialektik besagte: Alles hing mit allem zusammen. Auch wenn wir in unserer winzigen Außenstelle davon insofern nur fragmentarisch etwas mitbekamen, weil die Verbindung zur Zentrale sehr dürftig war. Selten wurden wir in die Ruschestraße gebeten, der Verkehr bewegte sich eher auf einer Einbahnstraße.

Das sollte sich 1966 ändern.

Die Abteilung X

Ich kenne die Hintergründe und Zusammenhänge nicht im Detail, weshalb und auf wessen Veranlassung eine solche Entscheidung getroffen worden war. Erst später, als alle unsere Akten öffentlich gemacht worden waren, fiel mir auch der Entwurf des Minister-Befehls vom 2. Januar 1963 in die Hände, in der es zur Begründung der Neuausrichtung hieß: »Die imperialistischen Geheimdienste, Agentenzentralen, staatlichen Dienststellen und von ihnen gelenkte Einrichtungen, die Presse und andere Publikationsmittel forcieren die psychologische Kriegsführung unter Anwendung aller erdenklichen Mittel, um einer *Entspannung und Verständigung im Kampf um die Sicherung des Friedens* entgegenzuwirken. Zur erfolgreichen Bekämpfung dieser feindlichen Absichten und Pläne ist es notwendig, den Gegner durch konzentrierte agitatorische, politisch-operative und spezielle aktive Maßnahmen an seiner Basis und in seinem Hinterland zu treffen, ihn zu entlarven, seine Kräfte zu beunruhigen, zu zersplittern und zu lähmen.«

Zu diesem Zweck sollte eine »Arbeitsgruppe Agitation« mit einem Planungs- und Koordinierungsstab gebildet werden, der »aktive Maßnahmen« in einem zentralen Rahmenplan entwickeln sollte. In dieser Arbeitsgruppe seien »Planstellen und Kader der bisherigen Abteilung Agitation und des Arbeitsbereiches VII/F der HVA« zu schaffen und diese Abteilung direkt vom Minister zu leiten.

Zwei Monate später, am 6. März 1963, traf sich der Chef der HVA, Generalmajor Markus Wolf, mit Oberstleutnant Günther Halle, der die Vorlage für den Ministerbefehl geliefert hatte. Wolf machte laut Aktennotiz von Halle klar, dass er eine Einbindung des von Wagenbreth geleiteten Bereichs VII/F in diese geplante »Abteilung Agitation« nicht akzeptiere. Er brauche »den Bereich VII/F für seine Führungs- und Leitungstätigkeit in der HVA«, es sei ein »wichtiges Arbeitsorgan«, »das unbedingt zur Kompetenz der HVA gehöre«, er wolle darum auch »seinen Bereich VII/F weiter ausbauen«.

Günther Halle bestand jedoch auf der Zentralisierung, auf einer »wirklichen Konzentration der Käfte von Aufklärung und Abwehr« in diesem Bereich. Also »Spezialpropaganda (Aktive Maßnahmen)«, »fiktive Maßnahmen« und »Lancierung«, also »die Ausweitung der Agitationsarbeit auf die ausländische Presse«, in einer Abteilung und in einer Hand – nämlich der des Ministers, der er, Halle, nahestand. Näher jedenfalls als Wolf.

Der Streit war offenkundig Folge des Kompetenz- und Profilierungsgerangels zwischen Halle, der seit Anfang der 60er Jahre bereits die Abteilung Agitation führte und diese verstärken wollte, und Wolf, der ebenfalls seinen Bereich auszubauen wünschte. Auseinandersetzungen dieser Art gehörten (und gehören) zum Wesen von hierarchisch gegliederten und geführten Institutionen, mithin war auch diese Kontroverse keineswegs typisch für das MfS.

Am Ende setzte sich Markus Wolf durch. Rolf Wagenbreth formierte 1966 die Abteilung X, zuständig für die Organisation politisch-aktiver Maßnahmen (Desinformation, Aufklärung, Bearbeitung von Medien und Journalisten), Lancierung von Informationen, Unterstützung von Publikationen und Gewinnung und Betreuung von Quellen und sogenannter Einflussagenten. Halle hingegen trat wieder ins Glied und verfasste 1971 gemeinsam mit Kurt Blecha, der das Presseamt des Ministerrates seit 13 Jahren leitete, und dessen Stellvertreter Günter Köhler eine Dissertation, die zur Geheimen Verschlusssache erklärt wurde. Sie trug den ein wenig ausschweifenden, aber erhellenden Titel »Die Lösung von Aufgaben der staatlichen Öffentlichkeitsarbeit zum Schutz und zur Sicherung der DDR durch Kooperation des Ministeriums für Staatssicherheit und des Presseamtes beim Vorsitzenden des Ministerrates unter besonderer Berücksichtigung der Durchführung gemeinsamer Aktionen im Kampf gegen die subversive Tätigkeit des Feindes«.

Ob die Bildung der X aufgrund von Anregungen aus Moskau entstand, wie Bohnsack später behauptete, will ich nicht ausschließen, es aber auch nicht bestätigen. Bohnsack wollte erfahren haben, dass der entscheidende Impuls vom Viktor F. Gruschko, dem stellvertretenden Leiter der für die Auslandsaufklärung zuständigen ersten Abteilung des KGB, gekommen sei. Dieser habe im Frühjahr 1966 bei einer der üblichen Konsultationen in Jasenowo am Moskauer Autobahnring die Ausweitung der Aufklärung verlangt. Dazu habe der Leiter der Abteilung Aktive Maßnahmen, Generalmajor Wladimir P. Iwanow, gesprochen. Dieser befehligte mehr als hundert Spezialisten in Moskau und in vielen westlichen Staaten, die »Desinformazija« betrieben. Unmittelbar nach seiner

Wiedersehen mit der Schwedter Straße im Prenzlauer Berg. Erstmals seit 1966 besuchte Kopp die Schwedter Straße 226, bis 1966 eine Außenstelle der Auslandsaufklärung

Rückkehr habe Markus Wolf Wagenbreth zu sich gerufen, ihm den Auftrag erteilt, aus dem Bereich VII/F eine Abteilung zu formieren und deren Leitung zu übernehmen. Gemeinsam mit seinem Stellvertreter Hans Knaust und anderen Spezialisten der psychologischen Kriegsführung habe Wagenbreth im Anschluss binnen Stunden ein inhaltliches und personelles Konzept vorgelegt. Auf diese Vorlage notierte Wolf angeblich: »Verfahren Sie danach.«

Diese Vorgänge im Hintergrund blieben uns Mitarbeitern verborgen. Aber es geschah. Wir wurden in Einzelgesprächen und Dienstversammlungen auf einen Umzug in die Ruschestraße und auf eine Umstrukturierung vorbereitet. Letztlich jedoch würde sich an unserer Arbeit nichts Grundlegendes ändern, sofern man deren Aufwertung im Zuge ihrer gewachsenen Bedeutung nicht als Veränderung verstünde. Diesen versteckten Hinweis verstand der Letzte.

Wir tauschten unsere MdI-Dienstausweise gegen solche des MfS und bezogen Zimmer in der HVA-Zentrale im Erdgeschoss. Zwei Genossen teilten sich ein Büro. Erstmals räumte ich einen eigenen Panzerschrank ein, zuerst die bislang benutzte Klappkarte des Ministeriums des Innern, denn bei verschiedenen Missionen würde diese noch gebraucht werden. Fortan trug ich einen Ausweis am Lederriemen. Erstmals erhielt ich auch eine persönliche Dienstpistole, die jedoch in der Waffenkammer verblieb und nur zum Schießtraining und zum Waffenreinigen hervorgeholt wurde. Auf vier Genossen »Selbstfahrer« kam ein Pkw für operative Einsätze, was, wie erwartet, wiederholt zu Auseinandersetzungen führte.

Dann erfolgte der »Einstand«. Es gab das Defilee aller Abteilungsleiter der Aufklärung und des Parteisekretärs Otto Ledermann bei Wagenbreth. Startschuss war um 16 Uhr, also fast bei Dienstschluss, weshalb der Sekt in Strömen floss. Ich war von Wagenbreth verdonnert worden, in einer kleinen Kammer neben dem Konferenzraum die Flaschen zu öffnen. Ich hatte damit Mühe, weil keine Übung, was jemand feststellte, der von mir unbemerkt das Zimmer betreten hatte. »Das können Sie erkennbar schlecht, Genosse«, sagte der große schlanke Mann. »Ich will hoffen, dass Sie wenigstens Ihr eigentliches Handwerk beherrschen.«

Ich kannte den späten Gast, der auf dem Schlachtfeld nach 20 Uhr erschien, namentlich nicht, meinte aber, ihn vor Jahren einmal flüchtig in Belzig gesehen zu haben.

Etliche der Gratulanten waren bereits gegangen, nur der »harte Kern« saß und soff noch mit Wagenbreth. Beim Eintritt des Ankömmlings schraubte er sich aus dem Sessel in die Höhe. »Genosse Wolf … Genosse Generalmajor … Keine besonderen Vorkommnisse.«

Ah, dachte ich, neben dem Generalmajor wohl der einzige Nüchterne im Raum, das also ist der ganz große Chef, schau an. Offenkundig wollte er es sich nicht nehmen lassen, ebenfalls auf die Geburtsstunde anzustoßen. Das tat er. Er nippte kurz an seinem Glas und stieg dann vorsichtig über die leeren Flaschen, von denen einige auf dem Boden lagen. »Schönen Abend noch …«

In seinen Erinnerungen »Spionagechef im Kalten Krieg« schrieb Markus Wolf dazu: »Unsere Abteilung X entstand aus einer ursprünglich sehr kleinen Arbeitsgruppe, die wir auf eine Anregung Iwan Agajanz', eines der intelligentesten Veteranen des KGB, in den 50er Jahren eingerichtet hatten. Sie hatte die Aufgabe, mit nachrichtendienstlichen Mitteln auf die öffentliche Meinung in der Bundesrepublik Einfluss zu nehmen. Obwohl sie zu einer eigenen Abteilung wurde, erreichte sie nie die Größe und Bedeutung anderer Abteilungen, da ich mir über das begrenzte Potential und die geringe Wirksamkeit solcher psychologischen Kriegsführung keine Illusionen machte.« Allerdings verwies Wolf trotz dieser nachträglichen Skepsis auf seine eigenen Erfahrungen auf diesem Gebiet: »Diese Art von Propaganda hatte ich bereits aus erster Hand kennengelernt, als ich im Sommer 1943 in Moskau am *Deutschen Volkssender* eingesetzt worden war, wo wir nach dem Vorbild von Sefton Delmers berühmten *Soldatensender Calais* eine Mischung aus echten Nachrichten und erfundenen Meldungen ausstrahlten, um die Deutschen zum Widerstand zu motivieren und ihre Führung zu diskreditieren. Damals hatte ich gelernt, dass solche Sendungen der Wahrheit möglichst nahe kommen müssen, um zu wirken.«

Als der Chef weg war, wurde ich bedrängt, weil ich zusammen mit Wolf in den Konferenzraum gekommen war. Wie lange war der schon da, was hast du mit ihm geredet, wollte er etwas von dir wissen …? Es fiel auf, dass sich einige vor Ehrfurcht und Verunsicherung nicht mehr einkriegten.

Mit einigen Kollegen räumte ich auf, nachdem der letzte Gratulant gegangen war, und erschien, wie auch die anderen, am nächsten Morgen acht Uhr pünktlich zum Dienst. Wagenbreth war schon da und pfiff alle Anwesenden zur Morgenbesprechung ins Konferenzzimmer. Er wirkte sichtlich zerknautscht, was, wie sich bald herausstellte, nicht dem Alkohol zuzuschreiben war. Oberfeldwebel R., der vor anderthalb Monaten in die Schwedter Straße gekommen und mit uns umgezogen war, hatte sich gestern Abend ein paar Flaschen in die Tasche gesteckt. Die waren von der Wache am Eingang entdeckt und der Diebstahl gemeldet worden.

»Das war's«, sagte Wagenbreth, »Sie können Ihren Schreibtisch ausräumen. Diebe haben in unserem Dienst nichts verloren.«

Die Einwände, er sei doch noch ein ganz junger Mann, man solle ihm doch eine zweite Chance geben und Gnade vor Recht ergehen lassen, ließ der Abteilungsleiter nicht gelten. Der Genosse habe gezeigt, dass er nicht über die notwendige moralische Reife verfüge. Hier gehe es nicht um ein paar Flaschen Schnaps und Wein, der materielle Verlust sei unerheblich. Es gehe um den Verlust an Vertrauen. Man könne dem Genossen R. einfach nicht mehr vertrauen. »Welche Scheiße baut er beim nächsten Mal?«, sagte Wagenbreth ohne sichtliche Erregung. »Diese Frage steht doch von nun an immer im Raum.« Ich wurde den Verdacht nicht los, dass es nur vordergründig um R.'s Diebstahl ging. Die drakonische Maßnahme richtete sich eigentlich an die Adresse aller Mitarbeiter. Wagenbreth legte für uns die Elle für Ehrlichkeit, Anstand und Moral.

Der Journalist R. wurde umgehend aus dem MfS entlassen, doch er kam in Adlershof beim DDR-Fernsehen unter. Allerdings sollte mehr als dreißig Jahre später die Sache publik werden. R. war als *MDR*-Redakteur für Nachrichten/Zeitgeschichte im Funkhaus Magdeburg beschäftigt, als mal wieder die Gauck-Behörde einige »Belastete« der Medienmeute zum Fraß vorwarf. Man war gerade dabei, etwa viertausend feste und freie Mitarbeiter des *MDR* erneut zu »gaucken«. Nach R.s Enttarnung forderte die Leipziger CDU, den *MDR* aufzulösen und neu zu gründen. Nur so wäre ein demokratischer Neuanfang »ohne SED-Seilschaften und Stasi-Kolonnen« möglich. Das war im März 2001.

Ich arbeitete im Referat 3, dem zunächst nur wenige Mitarbeiter angehörten. Leiter des Referats war der smarte Rolf Rabe geworden.

Zur beruflichen Tätigkeit suchte jeder nach einem Ausgleich, die meisten fanden ihre auf einem Stück Gartenwiese außerhalb Berlins. Ich spielte Fußball oder fuhr mit der Familie im Sommer an den Müggelsee, das genügte mir. Aber es gab so etwas wie Gruppendynamik, alle hatten eine Datsche. In Grenznähe zu Westberlin fand ich ein verwildertes Westgrundstück. Die 2000 Quadratmeter lagen seit anderthalb Jahrzehnten brach. Ich zögerte, als ich das Chaos sah, meine Frau und die Jungs hingegen waren begeistert. Ich hatte keine Chance zur Widerrede. Wir krempelten die Ärmel hoch und machten das Gelände urbar. Ein Bauer aus der Nachbarschaft ging mit dem Pflug über den vom Unrat befreiten Acker, wir legten Beete an, säten Rasen und pflanzten Obstbäume, und schließlich errichteten wir ein Hüttchen, damit man auch übers Wochenende bleiben konnte. Unter großen Mühen und Aufwendungen machten wir daraus in Jahrzehnten ein Kleinod und überwiesen all die Jahre die Pacht auf ein Sperrkonto bei der Gemeinde. Da war die DDR ganz pingelig.

Meine Frau fuhr mit den Kindern an den Wochenenden immer hinaus, auch wenn ich Dienst hatte. Die Land- und Waldluft, sagte sie, täte ihr gut, dann ließen die Kopfschmerzen nach, die sie ständig in der Stadt verspürte. Dafür nahm sie die Strapazen gern auf sich. Der Garten lag hinter Spandau und war nur umständlich mit den öffentlichen Verkehrsmitteln zu erreichen: einmal mit der Bahn um Westberlin, dann mit dem Bus. Mit unserem wenngleich alten 311er Wartburg war es unbeschwerlicher.

Nicht weniger hinderlich war der Umstand, dass wir für unsere Chefs ständig erreichbar sein mussten. Dieses Bedürfnis nahm von Jahr zu Jahr zu. Bereits am

Mittwoch mussten Ab- und Anwesenheitslisten fürs Wochenende erstellt werden. Diese massive Einschränkung der frei verfügbaren Zeit, weil man ständig abrufbereit sein musste, veranlasste junge Mitarbeiter, sich lieber eine Tätigkeit in der Wirtschaft, also außerhalb des Dienstes, zu suchen.

Nun wäre die Erreichbarkeit nicht das Problem gewesen, verfügte man sowohl in der Wohnung als auch auf der Datsche über einen Fernsprechanschluss und über ein Auto, um schnell in die Dienststelle zu gelangen. Der allgegenwärtige Mangel machte aber um das MfS keinen Bogen, hier waren die Kontingente und damit etwa die Zuweisungen an Telefonen und Pkw ebenfalls begrenzt. Es dauerte Jahre, ehe auch ich in dieser Hinsicht meine Mobilität und Flexibilität nachhaltig verbessern konnte.

Aus dieser Perspektive betrachtet, kann ich sagen, dass wir in den 60er und 70er Jahren alles andere als privilegiert waren – sofern man die Tatsache, glücklich und zufrieden in Frieden leben zu können, nicht als Privileg empfand. Die Kinder waren gesund und fanden ihren Platz in der Gesellschaft und ich Erfüllung in meiner Arbeit. Zudem verfügte ich über einen großen Magen, in den ich vieles hinunterschluckte, was mich ärgerte. Aber den besaßen wohl die meisten DDR-Bürger.

Meine Lieblings-IM

Ich hatte deren zwei. In den 60er Jahren, sowohl in der Außenstelle der VII/F als auch in der X, bestand eine unserer wesentlichen Aufgaben darin, ein persönliches Netz inoffizieller Mitarbeiter aufzubauen. Mit ihrer Hilfe wollten wir einerseits verhindern, dass Feinde von außen in der DDR Fuß fassten, und andererseits Möglichkeiten aufspüren, wie wir Auswärtige für eine Mitarbeit gewinnen konnten. Das war eine Aufgabe, die einen langen Atem brauchte, nicht jeder absichtsvoll geknüpfte Kontakt endete mit einer erfolgreichen Werbung. Und nicht jede erfolgreiche Werbung führte zu einer ergiebigen Quelle, aus der die Aufklärung schöpfen konnte.

Die Informations- und Materialbeschaffung, wie dieser Teil unserer Arbeit hieß, war nicht Selbstzweck oder, wie insbesondere seit dem Untergang der DDR behauptet wird, die »Unterwanderung« der Bundesrepublik. Wiederholt erklärte die einstige Führung der Aufklärung – so etwa der letzte HVA-Chef Werner Großmann auf einer Konferenz der dänischen Universität Odense im November 2007 –, dass Inhalt und Ziel der fast vierzigjährigen Tätigkeit des Auslandsnachrichtendienstes der DDR darin bestanden haben, »einen Beitrag zu leisten zur Erhaltung und Sicherung des Friedens, zum äußeren Schutz der DDR und der anderen sozialistischen Länder, zur Entwicklung und Festigung der gesellschaftlichen Verhältnisse im Inneren. Niemals bestand das Ziel in der Destabilisierung oder gar Liquidierung der BRD oder anderer mit ihr verbündeter Staaten. Nie haben wir von der Partei- und Staatsführung oder seitens des Warschauer Paktes einen solchen Auftrag erhalten.«

Zu diesem Zweck bemühten wir uns um Informationen aus staatlichen Institutionen, aus Parteien und Organisationen, militärischen Führungszentren, aus Einrichtungen der Wirtschaft und der Wissenschaft und den Geheimdienstzentralen des Westens. Dazu mussten Quellen vor Ort gewonnen oder in diese Institutionen eingeschleust werden. »Die Verbindung zu ihnen musste organisiert werden. Dafür wurden auch viele DDR-Bürger eingesetzt. In der DDR galt es, Anlaufstellen und konspirative Treffmöglichkeiten zu organisieren«, so Großmann damals in Odense. »Erfolge bei der Gewinnung neuer Informationsquellen erzielten wir mit Perspektiv-IM, die oft über viele Jahre hinweg auf ihren Einsatz vorbereitet wurden.«

Die Methoden und Praktiken, die wir bei der Gewinnung von IM und Informationsquellen anwandten, unterschieden sich in keiner Weise von denen westlicher Dienste. Wir setzten allenfalls stärker auf politisch-ideologische Übereinstimmung als auf die Bedienung finanzieller Interessen, lieber überzeugten wir, als dass wir die Leute kauften. Das lag nicht nur an der objektiven Begrenzung unserer Mittel. Ein Antifaschist und Antikapitalist war ein verlässlicherer Partner als einer, der nur wegen des Geldes mit uns zusammenarbeitete. Die Werbung unter »fremder Flagge« oder gar über persönliche Beziehungen – in den Medien später als »Romeofälle« plastisch geschildert – bildete eher die Ausnahme.

Für uns hatte in diesem Zusammenhang auf der Konferenz in Dänemark Großmann nur zwei Sätze übrig, die aber die ganze Heuchelei in den Medien, wenn sie nach 1990 über unsere Arbeit schrieben, sichtbar machten: »Die Abteilung X war vor allem an der Zusammenarbeit mit Journalisten interessiert. Dies tut ja der BND wohl nicht, oder?«

Zu den von mir in den ersten Jahren meiner Tätigkeit geworbenen Partnern gehörten zwei Personen, die ich stellvertretend für viele andere nenne, weil sie mir am nächsten standen und zu unseren besten IM gehörten. Der eine ist inzwischen verstorben, und der andere ist gerichtsnotorisch, ihr Outing als inoffizielle Mitarbeiter richtet darum keinen persönlichen Schaden an.

Richard Groß, Jahrgang 1921, ein Ostpreuße aus Königsberg, war ein multitalentierter Mann: Er konnte schreiben, malen, musizieren und singen. Zudem war er allen irdischen Genüssen zugetan. An Talenten mangelte es ihm jedenfalls nicht. In der DDR erwarb er sich als Schriftsteller einen Namen. Er schrieb Romane, Erzählungen und Hörspiele sowie einen einzigen Science-Fiction-Roman (»Der Mann aus dem anderen Jahrtausend«), der Anfang der 60er Jahre im Verlag Neues Leben erschienen war. Ich hatte diesen Roman gelesen, denn, wie schon erwähnt: Ich war eine ausgemachte Leseratte. Das Buch erfreute sich damals großer Zustimmung, und es war auch ein Grund, mich für Groß besonders zu interessieren: Der Roman hob sich von den aktuellen Publikationen, in denen Raumfahrteuphorie und die These von der »interplanetaren (sozialistischen) Revolution« vorherrschten und plakative Gestalten durch die Zukunft wankten, wohltuend ab. Groß' Figuren waren tief in Konflikte verstrickt, sie machten deutlich, wann Misstrauen angebracht war und wann nicht. Groß schilderte Folgen der Überwachung für den Betroffenen und drohende Persönlicheitszerstörung durch Vertrauensentzug. Auch für die Menschen in einer künftigen klassenlosen vernünftigen Gesellschaft ohne materielle Sorgen waren Konflikte erkennbar nicht ausgeschlossen. »Es ist schwer, aufrecht zu gehen«, ließ Groß im Buch den Expeditionsleiter sagen.

Groß ging aufrecht, er war überzeugter Kommunist. Als ich zu ihm nach Eichwalde fuhr und gleich mit der Tür ins Haus fiel, indem ich sagte, wer ich sei und dass ich ihn gern für eine inoffizielle Mitarbeit gewinnen wolle, sagte er ohne Zögern zu. In unserem respektive meinem Auftrag besuchte er internationale Pressekonferenzen, von denen es in den 60er Jahren in der DDR-Hauptstadt reichlich gab. Es schien die wirksamste Methode, Botschaften der DDR in die westliche Welt zu versenden. Ich erinnere an die Pressekonferenz Walter Ulbrichts am 15. Juni 1961, auf der der immer und immer wieder zitierte Satz »Niemand hat die Absicht, eine Mauer zu errichten« fiel.

Inzwischen räumen auch westliche Publizisten und Historiker ein, dass Ulbricht damals keineswegs gelogen hat: Die Entscheidung über die Maßnahmen fiel anderthalb Monate später in Moskau, und nicht Ulbricht traf sie, sondern Chruschtschow allein – was dieser später offen zugab. Aber da Ulbricht (und mit ihm die ganze DDR) in der West-Propaganda als verlogener »Mauerbauer« und »Spalter Deutschlands« ans Kreuz geschlagen werden musste, pflegt man diese Lüge bis heute.

Albert Norden, Politbüromitglied und Sohn eines Rabbiners, hielt ebenfalls oft Pressekonferenzen ab. Zu ihnen eilten hunderte Journalisten, weil der gelernte Journalist und brillante Rhetoriker stets für eine Überraschung gut war. Im Politbüro für die Agitation verantwortlich, leitete er eine Kommission, die alle Maßnahmen und Vorgänge in der DDR zur Aufarbeitung der Kriegs- und Nazi-Verbrechen koordinierte. Sein »Braunbuch« enthielt die Namen von über 1800 Nazi- und Kriegsverbrechern in westdeutschen Führungspositionen. Er stellte es am 2. Juli 1965 auf einer Pressekonferenz vor. Ich schickte Groß alias IM »Karl« mit dem Auftrag dorthin, Ausschau unter den angereisten Westjournalisten zu halten, die eventuell für uns interessant sein könnten.

Ihm waren mehrere aufgefallen, aber besonders bemerkenswert fand er einen Kollegen aus Nürnberg. Dieser Georg Fleissmann wäre ziemlich aktiv gewesen und hätte sich mehrmals zu Wort gemeldet. Nach der Veranstaltung habe er ihn angesprochen, und sie hätten sich auf ein Bier in Groß' Wohnung verabredet.

Ich machte ihm klar, dass das nicht so einfach gehe: Eichwalde lag hinter der Berliner Stadtgrenze, also außerhalb der DDR-Hauptstadt, die zu verlassen Besuchern aus Westberlin – wozu auch dieser Nürnberger Journalist gehörte – nicht erlaubt sei. Groß lachte nur und meinte, da würde mir gewiss etwas einfallen, wie sich die Kontrolle umgehen ließe: Fleissmann käme jedenfalls morgen zu ihm zu Besuch.

Dieser Begegnung folgten weitere. Die Chemie zwischen Groß und Fleissmann stimmte. Sie waren beide sehr intelligente, vielseitig interessierte Zeitgenossen. Und sie liebten Wein, Weib und Gesang, wie man so sagte. Beide befanden sich fast im gleichen Alter, stammten aus dem Osten – Groß aus Ostpreußen, Fleissmann aus Ungarn. Irgendwann stieß ich »zufällig« bei seinen Besuchen hinzu. Groß stellte mich als Journalistenkollegen vor. So zog sich das etwa anderthalb Jahre dahin. Ich hatte Fleissmann schon lange in unsere F 16-Datei eingelegt, damit signalisierend, dass er unser Mann sei und andere Bereiche gefälligst die Finger von ihm zu lassen hätten. Fleissmann führte in Nürnberg die Verbaucherzeitschrift *Echo* und einen Wirtschafts-Informationsdienst *News Bureau International.* Daraus resultierten viele Kontakte in die bayerische Wirtschaft und Politik. Fleissmann kannte alles, was Rang und Namen hatte. Er war also mit seinen Medien nicht nur ein Multiplikator, sondern konnte auch dank seiner Verbindungen eine ergiebige Quelle werden …

Entsprechend meinem Vorschlag verabredete sich Groß mit Fleissmann auf neutralem Boden. Zwei Tage lang zog er mit ihm durch Prag, besuchte alle wichtigen Sehenswürdigkeiten der Goldenen Stadt, ein volles Kulturprogramm eben. Dann kamen wir aus Berlin hinzu: Rabe und ich. Wir spielten von Anfang an mit offenen Karten. Wir sagten, wer wir waren und was wir von ihm wollten. Fleissmann zeigte sich nicht im Geringsten überrascht, was vermutlich nicht auf Groß' Kappe ging. Der Nürnberger war einfach clever.

Fleissmann meinte, er müsse eine Nacht darüber schlafen und sage uns am nächsten Tag Bescheid. Wir trafen uns am folgenden Morgen. Fleissmann erklärte, er werde für uns unter der Voraussetzung arbeiten, dass Groß sein Verbindungsmann bleibe, wir ihm Sicherheit garantierten und er alle »Auslagen«, die er für uns machen müsse, ersetzt bekäme. Er meinte zur Begründung, dass der Westen, insbesondere die Bundesrepublik, mit der DDR sehr unfair umgehe, und wenn er dagegen etwas unternehmen könnte, sei er mit dabei. So erfolgte denn Fleissmanns Verpflichtung als IM »Dürer«.

Groß hielt die Verbindung, was unter anderem so weit ging, dass er nach Nürnberg fuhr, um dort zwei Monate lang im Keller von Fleissmanns Haus, wo dieser seine Redaktionsräume unterhielt, dessen Zeitung zu produzieren. Währenddessen war der Journalist in Bayern, insbesondere in München, unterwegs, um für uns Kontakte zu machen. In der Zentrale war nämlich entschieden worden, dass Fleissmann sich insbesondere auf Politiker der regierenden Christlich-Sozialen Union orientieren sollte. Die CSU regierte in Bonn mit der CDU, und die Union koalierte seit 1966 auf Bundesebene mit der SPD. Die CSU interessierte uns nicht nur als Regierungspartei. Sie war in der überschaubaren Parteienlandschaft der Bundesrepublik so etwas wie das Enfant terrible und immer für innen- und außenpolitische Überraschungen gut. Deshalb hielt es die Führung der Hauptverwaltung Aufklärung aus strategischer Sicht für wichtig, über interne Diskussion und Entwicklungen in der CSU informiert zu sein. Ich wusste nicht, wen wir alles in dieser operativen Richtung bereits eingesetzt hatten und wie viele IM es insgesamt waren, aber der von mir bis 1984 geführte Georg Fleissmann war ein Spitzenwerber, und in der von uns in der HVA geführten Zuverlässigkeitswertung trug er das Prädikat A. (B stand für »vertrauenswürdig«, C für »nicht überprüft«, D für »fragwürdig« und E für »Doppelagent«.)

Gleichwohl hatte ich Groß nicht allein nach Nürnberg geschickt, um für IM »Dürer« die Redaktionsarbeit zu erledigen, sondern auch um dessen Situation und Reputation vor Ort zu überprüfen. Wir wollten sichergehen, keinem »Doppelagenten« aufgesessen zu sein, also jemandem, der seine Brötchen noch zusätzlich bei einem anderen Dienst verdiente. Die finanzielle Situation von »Dürer« war aber derart desaströs, dass jeder Verdacht in dieser Richtung unbegründet schien. Trotzdem wurde »Dürer« permanent von uns auf Ehrlichkeit überprüft. Später, als wir ihn in- und auswendig kannten und wussten, wie prekär seine Lage war, bot ich ihm an, für uns als hauptamtlicher IM zu arbeiten, um ihm ein monatliches Einkommen zu sichern. Doch das lehnte er ab. Er schlug sich weiter als freier Journalist durchs Leben.

Richard Groß, mein Verbindungsmann zu Fleissmann, verstarb mit 47 Jahren. Seine exzessive Lebensweise forderte Tribut. Sein Hausarzt konstatierte eine hartnäckige Bronchitis, die sich bei gründlicher Untersuchung jedoch als Lungenkrebs im fortgeschrittenen Stadium herausstellte. Groß rauchte Kette, das war nun die Folge. Ich verlor nicht nur meinen zweitbesten IM, sondern auch einen guten Freund.

Wer sollte künftig seine Aufgabe übernehmen? Ich entschied mich für Joachim Schultze, den ich als IM »Wolfgang« führte. Das war ein vigilantes Kerlchen aus dem Vogtland, das seine Brötchen bei der Reichsbahn und beim DRK verdiente: Er überprüfte die Bahnhofsstationen des Deutschen Roten Kreuzes und war täglich unterwegs. Er kannte nicht nur Hunderte Bahnhöfe, sondern wohl auch mindestens so viele Frauen. Ich holte Schultze nach Berlin, wohin er immer wollte, und sorgte dafür, dass er als nunmehr Hauptamtlicher eine Wohnung am Alexanderplatz erhielt.

Allerdings, das hätte ich bedenken müssen, reichte er intellektuell nicht im Mindesten Fleissmann das Wasser,

Freizeit eines Geheimdienstlers: Gemeinsam mit Kollegen wird eine Sau geschlachtet, Aufnahme Mitte der 70er Jahre

was dieser alsbald monierte. Groß war für ihn nicht nur ein Nachrichtenüberbringer und -abholer, sondern auch ein sehr wichtiger Gesprächspartner gewesen, mit dem er sich über alles austauschte, was ihn bewegte. Schultze war in dieser Hinsicht kein Ersatz. Also musste ich mich nach einer Alternative umschauen.

Die glaubte ich, in Jürgen Hartmann gefunden zu haben. Wir waren uns in Leipzig nach einer Pressekonferenz zufällig begegnet. Am üppigen kalten Buffet stießen wir ungeschickt zusammen, uns entglitten die Teller. Wir nahmen es aber nicht tragisch und zogen es vor, uns in den Presseclub zu verkrümeln, um ein Bier zu trinken. Der Presseclub war eine Kontaktbörse, die sowohl von Medienvertretern als auch von Nachrichtendienstlern aus West und Ost gern genutzt wurde. Im Unterschied zu den umliegenden Restaurants war der Club auch zu Messezeiten erstens nie überfüllt und zweitens nicht überteuert. Da aber nicht nur die Auslandsaufklärung, sondern auch die Spionageabwehr mit einem Kontingent von Blanko-Clubkarten des Pressehauses ausgestattet wurde, geschah es zuweilen, dass mehr Geheimdienstler zugegen waren als Journalisten.

Hartmann stellte sich mir als Chefredakteur des DEFA-Studios für Dokumentarfilme vor, mitverantwortlich für die Produktion vom »Augenzeugen«, jener Wochenschau, die immer vor dem Hauptfilm im Kino gezeigt wurde. Diese Nachrichtenfilme waren ein Relikt aus der Vorfernsehzeit, weshalb ihre Produktion 1980 eingestellt werden sollte. Hartmann hatte dafür – neben anderen Kollegen – soeben den Heinrich-Greif-Preis erhalten. Der Mann war gebildet, belesen, weltgewandt, ein vergnüglicher Unterhalter, zudem kannte er viele Leute von hüben und drüben, was gewiss mit seiner Tätigkeit zusammenhing. Mit diesen Qualitäten lief er bestimmt schon an unserer Leine, davon war ich felsenfest überzeugt, solch einen Mann ließen wir uns doch nicht entgehen. Doch überrascht musste ich in Berlin feststellen, dass dem nicht so war. Hartmann besaß eine gänzlich unbeschriebene Karteikarte. Sofort legte ich ihn in der F 16-Datei ein, um ihn für mich zu reservieren.

Wie sich bei der ersten Recherche herausstellte, wohnte Hartmanns Freundin in Bohnsacks Nachbarschaft, sie arbeitete in Johannisthal im DEFA-Dokumentarfilmstudio. Seine erste Frau, von der sich Hartmann schließlich trennte, um seine Freundin E. ehelichen zu können, leitete als stellvertretende Chefredakteurin den *Filmspiegel*.

Ich warb Hartmann an, er sollte mein bester Mann werden – neben den vielen anderen guten IM, die ich führte. Und genau das erwies sich als Problem. »Walter« verhielt sich so, wie es schon Kurt Tucholsky treffend in einem Bonmot formuliert hatte: Zwei Sonnen können nicht umeinander kreisen …

Hartmann übersiedelte mit seiner Frau nach Österreich. Er bildete faktisch die Residentur, die Fleissmann betreute. Von dort war die Verbindung nach Nürnberg leichter für den Dienst, nicht aber für Fleissmann. Es enstand eine Rivalität zwischen zwei starken Persönlichkeiten und ausgemachten Individualisten. Und da sich Hartmann in der Hierarchie über »Dürer« angesiedelt sah, meinte er, ihm Weisungen erteilen zu müssen. So zumindest empfand Fleissmann, was da an »Vorschlägen« aus Österreich an ihn herangetragen wurde. Und auch Hartmann kam zunehmend weniger mit Fleissmann klar, weshalb er und seine Frau einen eleganten Ausstieg wählten. Sie erwarteten ein Kind. Außerdem diagnostizierten die Ärzte bei ihm eine schwere Herzerkrankung.

Nach zweieinhalb Jahren Tätigkeit kehrten sie wieder in die DDR zurück. Sie verkauften ihr Hab und Gut in Österreich und erzählten den Nachbarn, sie würden sich auf Weltreise begeben. Ob sie jemals wiederkämen, stünde in den Sternen, von Europa jedenfalls hätten sie erst einmal die Nase voll.

Gemeinsam schrieben Hartmann und Bohnsack Texte und lancierten diese in Westmedien, sie waren an einer Vielzahl aktiver Maßnahmen beteiligt.

Mich feierte Hartmann bei Gelegenheit runder Geburtstage als seinen Freund, der ihm zweimal das Leben gerettet habe: Bevor er nach Österreich ging, war er umgefallen, ich hatte ihn zur Notaufnahme gefahren, wo man dem drohenden Herzinfarkt mit einigen Bypässen zuvorkam. Und zum zweiten Mal hätte ich seinen beruflichen Exitus verhindert, indem ich ihn gegenüber Vorgesetzten bei einem Fehler gedeckt hatte. Wir beide bewahrten Stillschweigen darüber, was er da vermasselt hatte. Auch hier lasse ich es unterm Teppich.

Von Deckadressen, inoffiziellen Mitarbeitern und konspirativen Wohnungen

Im Laufe meiner aktiven Zeit warb und führte ich 27 inoffizielle Mitarbeiter, davon lebten etwa zwei Drittel in der DDR, die anderen im Operationsgebiet. Sie waren mehrheitlich im journalistischen Bereich tätig. Mit ihrer Hilfe versuchte die Auslandsaufklärung bzw. die Abteilung X primär in Erfahrung zu bringen, ob und auf welche Weise von außen auf die DDR medial Einfluss genommen werden sollte. Und in der Umkehrung nahmen wir Einfluss auf die Meinungsbildungsprozesse in der Bundesrepublik. Es herrschte Kalter Krieg und Klassenkampf, auf beiden Seiten bedienten sich die Geheimdienste der gleichen Methoden. Später allerdings, als in der globalen Klassenauseinandersetzung die Diktatur des Kapitals sich erfolgreich über die untergegangene Diktatur des Proletariats behauptete, galten die Methoden der Geheimdienste Ost als verabscheuungswürdig, die Spionage und Wühlarbeit der Geheimdienste West hingegen als gottgefällig und wohlgetan. Die Heuchelei war und ist unerträglich. Eine »flächendeckende Überwachung«, die uns unterstellt wurde, war sowohl technisch als auch personell nicht umsetzbar. Hingegen ist mit den heutigen elektronischen Voraussetzungen, wie wir nicht erst seit Edward Snowden wissen, eine globale Überwachung nicht nur möglich – sie wird auch praktiziert. Nahezu jeder trägt mit seinem Handy eine »Wanze« am Körper …

Ein Element der konspirativen Arbeit war das »Decktelefon« oder die »Deckadresse«, bei den englischsprachigen Diensten »cover address«. Dort lebte eine reale Person, die weder beim Nachrichtendienst noch bei irgendeiner staatlichen Institution offiziell beschäftigt war, um im Falle einer Überprüfung durch die Gegenseite als unverfänglich zu erscheinen. Diese Person empfing neutrale Post, unter der auch für uns bestimmte Briefe waren, die dann an uns übergeben wurden, oder wir holten sie selbst aus dem Briefkasten. Solche Deckadressen waren IM und Teil des Verbindungswesens, über sie wurde Kontakt zwischen IM im Operationsgebiet und/oder dem Kurier, dem Instrukteur und der Zentrale gehalten. Es waren Postkarten oder Briefe mit Ort und Zeit verabredet, mit denen der Zentrale bestimmte Signale geliefert wurden. Diese waren natürlich entsprechend verklausuliert: Kontakt wie geplant hergestellt, Arbeit aufgenommen, muss abwarten, gehe auf Tauchstation etc. Blieb die vereinbarte Post aus, machte sich Nervosität breit. Mitunter fuhr ich mehrere Male am Tage zum Briefkasten der Deckadresse und schaute nach.

Die Person mit der Deckadresse musste vertrauensvoll genug sein, um diese Mission auszuüben, dafür konnten und wollten wir nicht jeden gewinnen. Eine andere Kategorie solcher aus Überzeugung übernommenen Dienstleistungen bildeten die »konspirativen Wohnungen«, in denen sich die Führungsoffiziere mit ihren IM trafen. Das geschah zu ihrer Sicherheit, denn es bestand in Restaurants, in öffentlichen Einrichtungen und am Arbeitsplatz die Gefahr der Dekonspiration. Und sei es nur dadurch, dass ein anderer IM, der zufällig den gleichen Führungsoffizier hatte, seinen »Kollegen« sah. Dem standen die Regeln der Geheimhaltung entgegen, der eine durfte nichts vom anderen wissen.

Unbeobachtet und frei von der Gefahr der Entdeckung konnten sich die beiden in einer KW austauschen. Wir nutzten sowohl leerstehende und nur für diesen Zweck eingerichtete Wohnungen – ich entsinne mich solcher Quartiere in der Mollstraße, in der Brunnenstraße, in der Dimitroffstraße oder Unter den Linden. Aber, und das war die Regel, wir nutzten auch temporär Wohnungen, in denen ganz normale Menschen lebten. Sie überließen uns während ihrer Abwesenheit das Heim, damit wir uns dort unbeobachtet mit inoffiziellen Mitarbeitern treffen konnten. Konspirative Wohnungen oder Deckadressen waren, wenn man so will, die untere Stufe der Zusammenarbeit mit der HVA und mitunter das Resultat einer gescheiterten IM-Anwerbung. Natürlich hatten wir lange zu einer Person und deren Umfeld recherchiert, ehe wir sie ansprachen, aber nichts war vorhersehbar. Unser Wohnungsnachbar, ein Mitarbeiter im Apparat des ZK der SED, war ein freundlicher Mann, wir saßen oft beim Bier im Hof oder besuchten gemeinsam Fußballspiele. Auch die Frauen kamen miteinander gut klar, über die Jahre wuchs eine freundschaftliche Verbindung. Ohne ihn direkt danach zu fragen, erhielt ich viele Hinweise auf Personen in unserem Wohngebiet, die sich mit »der Partei« angelegt hatten oder diese mit ihnen. Darunter befanden sich zwei Leiter von Institutionen, die aufgrund ihrer Tätigkeit Verbindungen ins Operationsgebiet unterhielten. »Die Partei« hatte sehr enge moralische Vorstellungen, weshalb die Grenzen rasch überschritten waren: Einmal fremdgehen oder eine andere Frau geküsst zu haben, führte bisweilen zu einer Parteiversammlung und einer erzieherischen Maßnahme. Die beiden waren also gestrauchelt und darum indiziert worden.

Wie üblich hörte ich mich in ihrer Nachbarschaft um, sprach auf den Arbeitsstellen mit Kollegen und sah Kaderakten ein, was mich in der Annahme bestätigte, dass ich es mit potenziellen IM-Kandidaten zu tun hatte. Sie waren ohne Fehl und Tadel, überzeugte Genossen und eben nur einmal in ein fremdes Bett gefallen …

Ich erarbeitete meine Werbevorlagen mit allen Details und Begründungen und legte diese, ebenfalls üblich, meinen Vorgesetzten zur Genehmigung vor. Dann suchte ich den Kandidaten auf.

Stets spielte ich mit offenen Karten und erntete meist Erstaunen. Keine Ablehnung oder gar Rauswürfe, sondern Neugier und Überraschung. Die Reaktionen verliefen oft so: »Kennst du meine Akte nicht?« Genau wegen dieser war ich ja da. »Ich habe eine Parteistrafe bekommen, ich gelte als politisch unzuverlässig.« Der andere verwies auf seine Verwandtschaft. »Mein Vater lebt im Westen, meine Mutter mit einem Literaturwissenschaftler, der der DDR nicht gerade freundlich gesonnen ist. Keine gute Voraussetzung für eine Zusammenarbeit mit der Aufklärung …« Ähnlich lauteten andere abwehrende Einwände: »Ich bin in dritter Ehe verheiratet, habe vier

Kinder mit verschiedenen Frauen, und meine jetzige Partnerin ist ein ängstlicher Typ. Die musst du überzeugen, nicht mich …«

Bisweilen ging aus diesen Gesprächen kein IM, wohl aber eine KW hervor. Meist jedoch erfolgte die Akquise konspirativer Wohnungen allerdings mit dieser konkreten Absicht. So gewann ich eine Ärztin, deren Mann, einst ebenfalls in leitender Stellung im medizinischen Bereich tätig, verstorben und sie vorzeitig berentet worden war. Mehrmals im Jahr fuhr sie für längere Zeit fort, zumeist ins Ausland. Für die Dauer ihrer Abwesenheit durfte ich ihre Wohnung für Treffen mit IM nutzen. Sie hatte mich bei den Nachbarn als Neffen eingeführt, der in ihrem Auftrag nach dem Rechten schauen und die Blumen gießen sollte. Die Familie der Frau Doktor war groß – sie hatte zwei verheiratete Töchter mit Kindern

Brunnenstraße 142: Ironie der Geschichte – als man die Skulptur des über Stacheldraht springenden DDR-Grenzers an die Hauswand schraubte, wusste man bestimmt nicht, dass sich bis 1989 in der dortigen Ladenwohnung eine KW befand

und viele Verwandte und Bekannte –, aber sie verstand es so zu arrangieren, dass es in der Wohnung nie zu einer Kollision kam. Außerdem füllte sie stets den Kühlschrank, bevor sie abreiste, den ich natürlich vor ihrer Rückkehr wieder auffüllte.

Ich holte sie mitunter auf dem Flugplatz ab oder, wenn sie über Ostbahnhof einreiste, hinterließ ich einen Blumenstrauß und eine Pralinenschachtel in ihrer Wohnung. Wir verloren über diese solidarische Unterstützung kein unnötiges Wort, uns vereinte, wie es im Weltjugendlied heißt: »gleicher Sinn, gleicher Mut«.

Eine andere von mir genutzte KW befand sich in der Nachbarschaft, der Mann war NVA-Offizier und IM für eine andere Abteilung, ich besprach alles mit seiner Frau. Ich verfügte über die Wohnungsschlüssel und konnte tagsüber, wenn beide Bewohner zur Arbeit waren, die Räume ungestört nutzen.

In der Regel entwickelte sich zwischen mir als Anwerber und späterem Führungsoffizier und dem inoffiziellen Mitarbeiter ein freundschaftliches Verhältnis. Das gründete nicht nur auf gemeinsamen politischen Überzeugungen, sondern weil man sich auch menschlich gut verstand. Zumindest bei mir war es so. Ein Großteil »meiner« IM arbeitete in journalistischen Einrichtungen und meist in leitenden Funktionen, in die sie ohne Zutun der HVA bzw. des MfS gekommen waren. Sie stiegen aufgrund eigener Leistungen und Fähigkeiten auf, sie besaßen menschliche und professionelle Qualitäten, die sie von anderen unterschied. Das erst rief uns auf den Plan, machte diese Menschen für uns, für mich interessant. Um es pointiert zu formulieren: Wer es nicht mit uns zu tun bekam, war nicht besonders widerständig, sondern einfach nur langweilig und uninteressant.

Aus dieser Tatsache versuchten manche nach 1990 für sich politisches Kapital zu schlagen, als sie enttäuscht bei der BStU feststellten, dass sie entweder keine oder nur eine dünne MfS-Akte besaßen. Sie redeten sich damit heraus, dass entweder die Unterlagen vernichtet worden oder sie besonders konspirativ wirksam gewesen waren, dass es nicht einmal »die Stasi« bemerkt habe. Das ist nachweislich Hochstapelei und Wichtigtuerei. Mich, und da maße ich mir an, für die HVA zu sprechen, interessierten nur die Besten. Sie waren klar im Kopf, hatten politischen Durchblick und aufgrund ihrer Umtriebigkeit und vielen Kontakte oft einen größeren Überblick als unsereiner. Davon wollten wir profitieren – im Interesse der gemeinsamen Sache: um die DDR zu stärken und den Frieden zu sichern. Das klang damals pathetisch, und heute klingt es überdies auch schwülstig und fremd, aber es entsprach seinerzeit unserem Denken. Und da man Geschichte immer aus ihrem Lauf erzählen und nicht im Nachgang zurechtlegen darf, soll es auch so gesagt sein. Alles andere widerspräche der historischen Wahrheit.

Allerdings entwickelte sich das Verhältnis zu manchem IM nicht frei von Spannungen. Zu den ersten von mir geworbenen inoffiziellen Mitarbeitern gehörte Heinz O. Er war vier Jahre älter als ich und Diplomhistoriker, in Leipzig hatte er zudem an der Fachschule für Journalistik studiert. In den 50er Jahren arbeitete er als Außenpolitikredakteur bei der *Berliner Zeitung*, nunmehr war er bei *Radio Berlin International* Redaktionsleiter, er verantwortete als Chefredakteur die Programme für Afrika, die arabische Welt, Lateinamerika und Südostasien. O. bekam den Decknamen »Ludwig«. (Dass es seit 1975 einen zweiten IM »Ludwig« in Westberlin gab, entzog sich meiner Kenntnis: Dabei handelte es sich um den Journalisten Dirk Schneider, der Pressesprecher der Alternativen Liste wurde, später war er deutschlandpolitischer Sprecher der Bundestagsfraktion der Grünen. Gemäß ihrem Rotationsprinzip räumte er 1985 seinen Abgeordnetensitz für Christian Ströbele. 1991, nachdem er zur PDS gewechselt war, wurde er als IM »enttarnt«. Die Staatsanwaltschaft stellte 1996 das Ermittlungsverfahren gegen ihn endgültig ein, da keine geheimdienstliche Tätigkeit nachzuweisen war. Schneider verstarb 2002 mit 63 Jahren.)

Mein »Ludwig« war ein kluger Mensch mit einem komplizierten, um nicht zu sagen schwierigen Charakter. Nicht nur ich hielt ihn für arrogant und anmaßend. Insbesonders wenn er über seine Chefs im Rundfunk herzog, war keiner dabei, an dem er ein gutes Haar ließ. Das waren nach seiner Auffassung alles ziemliche Idioten. Und in der Parteiführung saßen auch nur Hohlköpfe. Er war ehrgeizig und wollte aufsteigen, sah sich aber von anderen aus Niedertracht und Unfähigkeit gebremst. Er war als IM ziemlich undiszipliniert und eigenwillig und ließ es mich spüren, wenn ich nach seiner Meinung ihm mal wieder die Tour vermasselt hatte. So war er in unserem Auftrag wiederholt mit falschen Papieren im Operationsgebiet unterwegs (nicht gegen seinen Willen, das sollte hier schon erwähnt sein). Doch während seiner Abwesenheit fielen dann in der Redaktion Entscheidungen, die ihm nicht zusagten und die er hätte verhindern können, wie er glaubte, wenn er präsent gewesen wäre. Also lastete er mir die Schose an. Es gab stets endlose Diskussionen und gelegentliche Reparaturversuche von meiner Seite, aber es war wahrlich nicht einfach mit ihm. Jedoch erschiene es mir ungerecht, verschwiege ich, dass O. auch mutig und zuverlässig war.

Besonders hoch rechnete ich, rechnete ihm die Aufklärung seinen Einsatz 1979 an. Am späten Abend des 19. Januar hatte sich Oberleutnant Werner Stiller aus der Abteilung XIII der HVA in den Westen abgesetzt, Stunden zuvor saß ich noch neben ihm auf einer Parteiaktivtagung. Stiller war wie ich Parteisekretär. Nach Schluss der Veranstaltung, es war nach 20 Uhr und alle eilten an diesem Freitagabend ohne Verzug nach Hause, stahl er in der vierten Etage diverse Unterlagen und verschaffte sich ein Entree beim BND, indem er Quellen und Führungsoffiziere verriet. An die vierzig konnten von uns noch rechtzeitig gewarnt und abgezogen werden, aber nicht wenige unserer Agenten wurden aufgrund von Stillers Verrat inhaftiert.

Und er identifizierte Markus Wolf auf einem Foto, das in Schweden von ihm gemacht worden war. Bis dahin galt der HVA-Chef im Westen als »Mann ohne Gesicht«, weil keine Aufnahme von ihm existierte, er konnte sich bei Bedarf dort frei und unerkannt bewegen. Der BND lancierte wenig später dieses Bild im *Spiegel*, der es auf seiner Titelseite publizierte. Dadurch wurde, wie beabsichtigt, der Aufklärungschef der DDR international bekannt – für einen Geheimdienstmann der Super-GAU, danach galt er als »verbrannt«.

Stillers Verrat und dessen Folgen sorgten bei unseren IM im Operationsgebiet und bei ihren Instrukteuren für große Unsicherheit und Verwirrung, jeder hatte Angst, als Nächster enttarnt und verhaftet zu werden. Heinz O. war einer der wenigen, die den Schneid besaßen, in dieser Situation zu fahren – IM »Ludwig« war nach meiner Erinnerung einer der Ersten, der sich nach Stillers Flucht wieder ins Operationsgebiet wagte. Er suchte in Hessen-Süd eine unserer wichtigen Quellen auf und trug mit dem Treff zur Beruhigung der Situation bei, und nebenbei brachte er wichtige Informationen nach Berlin zurück.

IM »Ludwig« arbeitete bis zum Ende des Dienstes für uns, seit 1978 war er Hochschullehrer, Professor mit Lehrstuhl »Kommunikationspolitik und Medienkodex in den internationalen Beziehungen« am Institut für Internationale Beziehungen an der Akademie für Staats- und Rechtswissenschaften Potsdam-Babelsberg. Dort wurde er 1994 emeritiert. In der Wendezeit hatte er für das Neue Forum ein gesamtdeutsches medienpolitisches Programm der Bürgerrechtsbewegung ausgearbeitet, und mit dem Mandat des Neuen Forums war er im Februar 1990 zum stellvertretenden Vorsitzenden des Medienkontrollrates der DDR gewählt worden. Wir trafen uns 2003 zufällig auf der Straße, aber viel zu erzählen wusste O. nicht. Er hatte mit diesem Teil seiner Geschichte abgeschlossen.

So wie ihn führte ich unter dem eigenen Decknamen »Weber«, »Kurt«, »Erwin«, »Eichen« oder »Walter« seinerzeit 27 inoffizielle Mitarbeiter, darunter zwei leitende Redakteure aus dem Verlag Junge Welt in der Berliner Mauerstraße, in dem über ein Dutzend Periodika erschienen. Das Ehepaar wurde unter anderem bei der Aktion »Rote Nelke« im Mai 1983 in Portugal eingesetzt. Wir hatten in Lissabon eine Villa gemietet, die beiden führten offiziell das Gästehaus und waren die personelle Umrahmung bei dem Versuch, Ex-Oberst Rudolf Rothe anzuwerben. Der war von Ex-Fregattenkapitän Wilhelm Reichenburg (»Admiral«) zu diesem Ausflug eingeladen worden. Beide gehörten der »Deutschen Gesellschaft für Sozialbeziehungen« (DGfSB) an, die sich um geflohene

Militärs des Warschauer Vertrages kümmerten. Der Verein war von dem MdB/CDU Werner Marx gegründet worden, doch die Zuwendungen des Bundesverteidigungsministeriums, des Bundesnachrichtendienstes und des Verfassungsschutzes gingen seit Jahren zurück – offenkundig erfüllten sich die ursprünglichen Erwartungen der Geheimdienste nicht. Reichenburg ließ Vereinsvorsitzenden Rothe wissen, dass er US-amerikanische Geldquellen anzapfen könne. So kam denn die Einladung nach Portugal zustande, die Jürgen Hartmann – die Schlüsselfigur der Aktion – initiiert hatte. Drei, vier Tage lang wolle man am Ufer des Atlantik gemeinsam darüber nachdenken und reden, wie die DGfSB wieder flott gemacht werden könne. Tatsächlich sollten Wilhelm Reichenburg und vier inoffizielle Mitarbeiter von uns den Bonner Gast gewinnen. Sie boten ihm ein monatliches Honorar von 1200 DM für »Informationen über die Sicherheitslage«. Wir erinnern uns: Es waren die angespannten Jahre der Raketenhochrüstung.

Der misstrauische Rothe lief jedoch nach seiner Rückkehr zum Militärischen Abschirmdienst (MAD) und berichtete über den Anwerbungsversuch »unter fremder Flagge«. Infolge lieferte der MAD »Spielmaterial«, das uns Rothe via Reichenburg zukommen ließ. Nach Jahresfrist ging die Bombe hoch. IM »Admiral« (Wilhelm Reichenburg) und IM »Siegfried« (Helmut Bärwald) wurden verhaftet und verurteilt.

Auf diesen Fall ging auch Markus Wolf in seinen Memoiren »Spionagechef im Kalten Krieg« ein. »Dass wir schon frühzeitig alles Wissenswerte über die Abteilung ›Psychologische Kampfführung‹, das Bonner Gegenstück zu unserer Abteilung X, erfuhren, verdankten wir einem unserer Offiziere, der Anfang der 60er Jahre einen hochrangigen Mitarbeiter des Verteidigungsministeriums als Informanten anzuwerben vermochte, indem er ihm erfolgreich vorgaukelte, er arbeite für einen US-amerikanischen Dienst.« Danke für die Blumen, aber: Die Anwerbung Reichenburgs erfolgte Ende der 60er Jahre durch Fleissmann (IM »Dürer«), den ich, zugegeben, entsprechend instruiert hatte. »Nach seiner Pensionierung wurde der vermeintlich für die USA tätige Spion Kreisvorsitzender des Wehrpolitischen Arbeitskreises der CSU in München und Regionalbeauftragter des Bonner Arbeitskreises für Landesverteidigung, und es gelang ihm sogar, einen einstmaligen leitenden Mitarbeiter des SPD-Ostbüros anzuwerben, einen Mann, der zum ultrarechten Flügel der CDU gewechselt war, weil er Brandts Entspannungspolitik nicht verkraften konnte.« Gemeint war Helmut Bärwald alias IM »Siegfried«.

»So kassierten eingefleischte Gegner unseres Systems unser Geld und beschafften uns Informationen, ohne sich etwas Böses dabei zu denken. Für den Kreisvorsitzenden des wehrpolitischen Arbeitskreises kam es allerdings 1984 zu einem unschönen Erwachen, als er verhaftet und angeklagt wurde, weil er 14 Jahre lang für die DDR spioniert hatte. Wir hatten zwar erfahren, dass seine Enttarnung bevorstand, doch wir hatten ihn nicht warnen können, denn wir konnten ihm ja nicht die Übersiedlung in die DDR anbieten, während er sich im Glauben wiegte, CIA-Agent zu sein.«

Der Kontakt zwischen Führungsoffizier und IM lief in aller Regel übers Telefon. Jeder operative Mitarbeiter hatte eine Nummer – ich war die Nummer 536, Bohnsack die 539, Wagenbreth 530 und Rabe 533. Der IM rief an, nannte die Ziffer und legte auf. Der unter dieser Nummer geführte Mitarbeiter erhielt intern eine Mitteilung, worauf er umgehend zurückrief. Es wird nicht überraschen zu lesen, dass natürlich die eingehenden Anrufe registriert wurden und Eingang fanden in die Auswertungen. Nüchtern musste man konstatieren, dass auch unter den inoffiziellen Mitarbeitern etliche Wichtigtuer waren, die wegen jeder Kleinigkeit meinten sich melden zu müssen.

Hatte ich auch weibliche IM? Ja, aber sie waren selten, und wenn, dann meist Ehepartnerinnen von inoffiziellen männlichen Mitarbeitern, Inhaberinnen einer Deckadresse oder konspirativen Wohnung. Frauen, so glaubte ich, und mit dieser Auffassung war ich nicht allein, schienen für die operative Arbeit nur bedingt geeignet.

Für kurzzeitige Einsätze – etwa zu Messen, Festivals, Ostseewochen und dergleichen – brachten wir natürlich auch Frauen zum Einsatz. Dazu erfolgte eine papiermäßige Überprüfung, dann wurden vorsichtige Gespräche geführt und ausgelotet, ob sie für den Job geeignet waren. Um es unmissverständlich zu sagen: Wir suchten keine potenziellen Prostituierten aus, mit deren Hilfe wir Westjournalisten anzapfen oder gar mit sogenannten Kompromaten erpessen wollten: Wir wollten mit Hilfe der Frauen Informationen abschöpfen. Wie weit sie gingen, lag in ihrem Ermessen. Es gab bei uns keine »Sexeinsätze«, wir bildeten keine »Schwalben« aus, oder wie es in einem Buch von Elisabeth Pfister marktschreierisch hieß: »Unternehmen Romeo. Die Liebeskommandos der Stasi«. Zur Wahrheit gehört allerdings auch, das zwei der Frauen, die ich für einen temporären Einsatz gewonnen hatte, derart »Spaß« an der Sache fanden, dass sie dabeibleiben wollten. Ich übergab sie der Abwehr, die die beiden als IM verpflichtete.

In den 60er Jahren, das räume ich gern ein, ging es – anders als in den 70er oder gar 80er Jahren – in unserer Arbeit ein wenig anarchistisch zu. Es war noch nicht jeder Fliegenschiss per Ministerbefehl dekretiert und vorgeschrieben, es gab weitaus mehr kreativen Spielraum. Allerdings auch mehr Unfug. So entsinne ich mich der ersten Aufgaben, die ich aus dem Presseamt des Ministerrates erhielt. Dort saß Hermann von Berg. Der Mann war Anfang dreißig und leitete als Offizier im besonderen Einsatz mit dem Decknamen »Günther« die Abteilung Internationale Verbindungen. Er war, was ich damals mehr ahnte als wusste, einer der wichtigsten, weil intelligentesten Figuren in der Aufklärung. »Günther« teilte einem die Westjournalisten zu, an deren Rockschöße man sich heften sollte. Die Instruktion erfolgte unter vier Augen. »Du gehst zu Herrn Z., ein fürchterlicher DDR-Hasser. Hier hast du zwei, drei Artikel zum Einstimmen. Er ist ein Feind, so musst du ihn auch sehen. Und mach dich nicht krumm, das ist unnötig – der schreibt sowieso, was er will, beeinflussen lässt der sich nicht. Tritt selbstbewusst auf, höflich und sachlich korrekt, sei offensiv, ohne zu verletzen, antworte auf jede Frage.« Dann folgte ein Blick auf die Uhr. »Es ist gleich 18 Uhr, die Vorstellung in der Oper beginnt um 20 Uhr. Du hast einige Stunden Zeit, um herauszubekommen, was er morgen auf der Pressekonferenz für dämliche Fragen stellen wird, damit wir darauf vorbereitet sind. Das muss ich noch heute bis 24 Uhr wissen. Noch Fragen? Nicht? Na, dann viel Glück.«

Der gleichaltrige Hermann von Berg imponierte mir. Er war zielstrebig und dennoch freundlich, unnachgiebig und trotzdem entgegenkommend. Und das gepaart mit einer Lässigkeit und Souveränität, die einen neidisch werden ließ. Wir sollten noch oft miteinander zu tun bekommen, und wiederholt erlebte ich, wie er mit Journalisten aus dem Westen umging, wie er witzig und bestens informiert (zumindest tat er so) sie alle um den Finger wickelte. Ich schaute mir manches von ihm ab, was sich für die operative Arbeit eignete.

Hermann von Berg wechselte 1966 an die Akademie für Gesellschaftswissenschaften, wurde Doktor, dann Professor an der Humboldt-Universität und blieb geheimer Unterhändler mit Bonn. 1978 lancierte er ein »Manifest« in den *Spiegel,* in welchem er die Politik der SED inbesondere in der nationalen Frage kritisierte, wofür er mit großem Bohei in U-Haft genommen wurde. Aber das Ermittlungsverfahren gegen ihn wurde alsbald eingestellt. 1986 übersiedelte von Berg in die Bundesrepublik, nachdem er zwei systemkritische Texte bei einem Verlag in Köln untergebracht hatte. Nach einem Intermezzo an der Uni Würzburg kehrte er 1992 an seine frühere Wirkungsstätte an der Humboldt-Universität zurück. Ich bin mir nicht sicher, ob – nach heutiger Lesart – aus dem Saulus ein Paulus geworden oder ob die Geschichte nicht doch eine Inszenierung war. Zu oft waren Medien wie *Spiegel* und *Stern* im Spiel, zu harmlos die Konsequenzen auf unserer Seite. Jenem Hermann von Berg, den ich damals im Presseamt kennengelernt hatte, traue ich jede Legende zu.

Ich kann mich natürlich auch täuschen.

Aber um zur Ausgangsfrage zurückzukehren: Natürlich war es Unsinn zu fordern, ich sollte in wenigen Stunden bei einem Journalisten in Erfahrung bringen, welche Fragen dieser auf einer Pressekonferenz am nächsten Tag stellen würde. Selbst wenn er ein spezielles Interesse hatte, würde er es mir nicht verraten. Meist ergaben sich die Fragen aus den Ausführungen auf dem Podium, also spontan.

Diese Art von Spontaneität war den Veranstaltern auf unserer Seite suspekt – selbst auf solchen Zusammenkünften wollten wir alles im Griff haben und darum vorbereitet sein. Um Pressekonferenzen mit internationaler Beteiligung einigermaßen steuern zu können, reichten wir DDR-Journalisten bis in die 80er Jahre zuvor heimlich Fragen ein. Sie sollten auf diese Weise dem Referenten die gewünschten Stichworte liefern. Allerdings gab es für diese Vorbeitung auch einen zweiten Grund: DDR-Journalisten hatten erkennbar Minderwertigkeitskomplexe, wenn sich Westkollegen laut und eloquent auf Pressekonferenzen präsentierten. Sie fürchteten nicht nur ihre eigene mitunter holpernde Sprache, sondern auch, dass sie etwas Falsches oder nicht Gewünschtes sagten, was ihnen hinterher Ungemach eintrug. Um dies zu vermeiden, schwiegen sie weise. Zumal der Veranstalter in seinem einleitenden Statement bereits alles gesagt hatte, was sie schreiben durften – außerhalb dessen gab es nur vermintes Gelände, in das sie sich, im Unterschied zu den Journalisten aus dem Westen, nicht hineinbegeben wollten. Dadurch aber beherrschten die Westkorrespondenten uneingeschränkt das Feld, was genau vermieden werden sollte. Weshalb man eben Fragen vorher ausgab. Die aber waren oft derart dämlich, weil sie lediglich das bereits Gesagte nur bekräftigten, weshalb die Journalisten sie aus Gründen des Selbstschutzes in der Runde nie oder nur vereinzelt stellten.

Die selbstbewusste Verweigerung war auch Indiz dafür, dass sich diese intelligenten Menschen nicht kommandieren ließen, sie waren keine willfährigen Vollstrecker. Das galt auch für IM.

Für einen von mir geführten inoffiziellen Mitarbeiter interessierte sich auch die Abwehr. Es handelte sich um einen bekannten DDR-Schriftsteller aus Potsdam, welcher selbst als Instrukteur im Operationsgebiet unterwegs war und dort eine wichtige Quelle führte. Der IM war bereits über Jahre für die Aufklärung aktiv und aufs Ganze gesehen sehr erfolgreich. Die Abwehr wünschte nun über die Abteilung X, dass unser Mann Informationen über einen bestimmten Schriftstellerkollegen in seinem Umfeld liefere. Das lehnte er ab – obgleich auch meine Leiter sich in die Gespräche mit ihm einmischten. Der Mann blieb standhaft. Das führte dazu, dass auf Entscheidung von oben die Zusammenarbeit generell mit ihm beendet werden musste, er galt nun als »nicht zuverlässig«. Ich (und damit die Aufklärung) verlor einen wichtigen IM, wir hatten uns aus Prinzipienreiterei mal wieder ins eigene Knie geschossen.

Natürlich verloren wir IM auch durch andere Umstände. Da waren etwa übergesiedelte DDR-Bürger, die sich als Perspektivagenten im Operationsgebiet niederließen, aber mangels nachrichtendienstlicher Perspektive wieder abberufen werden mussten. Ich betreute beispielsweise mehrere Jahre einen mir zugewiesenen IM in Westberlin, aber irgendwann holten wir ihn in den 70er Jahren zurück, und er lebte in der DDR ein ganz normales Leben. 1998 verstarb er mit 52 Jahren, ein Aneurysma im Kopf hatte einen sofortigen Tod zur Folge.

Andere verloren wir, weil sie von der Gegenseite enttarnt worden waren, wie etwa den IM »Christian«. Er arbeitete für mein Referat 3, Kollege Gerhard Schubert, der aus der Bezirksverwaltung Karl-Marx-Stadt bei der Formierung der Abteilung uns zukommandiert worden war, führte ihn.

Der IM war hauptamtlich im Verband der Journalisten tätig, der seinen Sitz im Haus des Kabaretts »Die Distel« unweit des Grenzübergangs Bahnhof Friedrichstraße hatte. Schaute Hans-Joachim Kittelmann aus dem Fenster, sah er den »Tränenpalast«.

IM »Christian« gehörte zur Entourage von Ministerpräsident Willi Stoph, als sich dieser mit Bundeskanzler Willy Brandt 1970 in Erfurt und Kassel traf. Kittelmann freundete sich dort mit Martin Captuller an, der wie er Pressesprecher war. Die Verbindung endete 1979 mit dem Freitod Captullers. Daraufhin nahm »Christian« Kontakt zu dessen Sohn auf. Andreas Captuller studierte in Westberlin und war für uns durchaus interessant, Kittelmann versuchte ihn anzuwerben und traf sich 17 Mal in beiden Stadtteilen Berlins, beim 18. Mal wurde er in Westberlin festgenommen.

Im anschließenden Verfahren unterstellte ihm die Staatsanwaltschaft, er sei Offizier der Staatssicherheit und habe die Aufgabe gehabt, Studenten (Plural!) für die nachrichtendienstliche Zusammenarbeit zu gewinnen. Die freundschaftliche Beziehung zu Brandts damaligen Pressesprecher sei mit dieser Absicht hergestellt worden, ebenso zu dessen Sohn. Dieser sollte u. a. dazu gebracht werden, in die konservative Notgemeinschaft für eine Freie Universität einzutreten, um deren Verbindung zum Verfassungsschutz festzustellen, und sich in der Friedensbewegung zu engagieren.

Obgleich »Christian« dies alles bestritt, wurde er vom Westberliner Kammergericht im Mai 1982 zu einer zweijährigen Haftstrafe wegen »Nachrichtenhandel« verurteilt. Nach einem Jahr Haft wurde er ausgetauscht.

Für uns war es jedoch wichtig festzustellen, wodurch unser Mann aufgeflogen war. Hatte er sich selbst verdächtig gemacht, war er verraten worden? Falls ja: von wem?

Die hausinternen Untersuchungen förderten zutage, dass sich Kittelmann – entgegen unserer Weisung – im Restaurant im Interhotel Stadt Berlin am Alexanderplatz wiederholt mit Kontaktpartnern aus dem Westen getroffen hatte. Unsere Abwehr hatte vor einiger Zeit festgestellt, dass westliche Nachrichtendienste verstärkt Grenzübergänge einschließlich Schönefeld und stark frequentierte gute Restaurants in der DDR-Hauptstadt observierten. Damit hatte der Verfassungsschutz seine Aktivitäten von Westberlin aus nachweislich verstärkt. Man hielt auf den Grenzbahnhöfen und auf dem Flugplatz Ausschau nach gut gekleideten Einzelreisenden mit wenig Gepäck, und in den Restaurants beobachtete man besonders Tische, an denen sich Besuchern aus dem Westen Ostdeutsche zugesellten. Weil uns das bekannt war, gab es ein striktes Verbot für inoffizielle und hauptamtliche Mitarbeiter, sich dort sehen zu lassen oder gar Treffs durchzuführen. Das waren, um den heute dafür üblichen Slang zu gebrauchen, No-go-areas. Kittelmann hatte dieses Verdikt einfach ignoriert, wobei ich zu seiner Entlastung vorbringen kann, dass es Anfang der 80er Jahre nicht so viele exklusive Etablissements in der DDR-Hauptstadt gab, wo man sich mit Kollegen von der anderen Seite treffen konnte, ohne sich zu blamieren. Und jedes Mal Palast der Republik war auch langweilig.

So hatte also der Westberliner Verfassungsschutz IM »Christian« enttarnt und bei dessen nächsten Besuch in Charlottenburg hoppgenommen.

So wie ihn erwischte es weitere inoffizielle Mitarbeiter mit DDR-Pass, die auf diese Weise damals aufflogen. Das waren herbe Verluste für uns und war ausschließlich zwei Tatsachen geschuldet: Wir hatten zu spät Kenntnis von den Aktivitäten des Verfassungsschutzes auf DDR-Territorium erlangt, und Mitarbeiter hielten sich nicht ans Lokalverbot. So nüchtern muss man das einschätzen.

Allerdings erwies sich das Verfahren gegen Kittelmann in Westberlin durchaus auch als nützlich für uns. Ihm waren dort Zeugen präsentiert worden, aber auch bei den Vernehmungen traf er auf Personen, die er meinte, im Interhotel am Alex gesehen zu haben. Damit kamen wir überhaupt auf diese Fährte. Fortan fanden Treffen nur noch in KW und Objekten der HVA statt.

Klassische Spionage und aktive Maßnahmen

Die Tätigkeit der Abteilung X bestand aus diesen beiden Elementen, und sie erfolgte mitunter in Zusammenarbeit mit den Nachrichtendiensten anderer sozialistischer Länder. Dass es ein gemeinsames Programm etwa aktiver Maßnahmen gab, wurde mir bewusst, als sich im Februar 1968 Jan Šejna in den Westen absetzte. Der Stabschef des tschechoslowakischen Verteidigungsministeriums war eine Schlüsselfigur für das Zusammenwirken der Nachrichtendienste und ein enger Freund des Sohns von Staats- und Parteichef Antonín Novotný, weshalb er ohne Abitur und Hochschulbesuch rasch Karriere machte. Kurz vor seiner Flucht hatte ihn Novotný noch zum Generalmajor ernannt. Im Zuge des »Prager Frühlings«, wie die unter dem neuen KPČ-Generalsekretär Alexander Dubček in Gang gesetzten Reformbestrebungen genannt wurden, ging die Staatsanwaltschaft den gegen Šejna erhobenen Korruptionsvorwürfen nach. Offenkundig waren die Ermittlungen nicht unbegründet. Der *Spiegel* 11/1968 höhnte: »Aus Sorge, von den Liberalen verfolgt zu werden, floh der Stalinist nach Amerika –

so sehr hat sich das Klima von Prag gewandelt.« Der Sekretär des tschechoslowakischen Verteidigungsrates Jan Šejna (»der ranghöchste Kommunist, der je übergelaufen ist«) meldete sich in Rom in der US-Botschaft, wo er als Morgengabe der CIA alles über das Programm aktiver Maßnahmen des gesamten Warschauer Vertrages preisgab: Planungen, Methoden, Zuständigkeiten, Personen, Routen, Treffen … Und nachdem er alle ihm bekannten Details verraten hatte, schrieb der nunmehr zum Antikommunismus Übergetretene seine frisierten Erinnerungen, die als Kampfansage verstanden werden mussten: »We Will Bury You«, zu deutsch: »Wir werden euch beerdigen. Der sowjetische Plan zur Zersetzung des Westens.«

Ungeachtet der Parolen und Plattheiten, die vermutlich in Langley formuliert worden waren, hatte Šejnas Verrat tiefgreifende Konsequenzen für unsere Arbeit, die bis ans Ende der DDR und der Sowjetunion reichten. Sein Verrat und der Vertrauensbruch trugen erhebliches Misstrauen in die Zusammenarbeit der Partnerdienste, was dazu führte, dass man sich immer weniger wechselseitig in die Karten schauen ließ. Offiziell führte man die Kooperation fort, doch zur Risikominimierung reduzierte man intern die Weitergabe von Daten und Informationen. Erst waren die Rumänen draußen, dann die Bulgaren, die Polen, die Ungarn … Am Ende arbeiteten nur noch das MfS und der KGB zusammen, und das war, wie später verschiedentlich auch Moskau bescheinigte, eine ziemliche Einbahnstraße. Armeegeneral a. D. Krjutschkow, 1989/91 Mitglied des Politbüros des ZK der KPdSU und letzter KGB-Chef, resümierte in der *Sowjetskaja Rossija* am 23. Februar 2004 ziemlich selbstkritisch, dass die »die Aufklärer der DDR für die Stärkung der Sowjetunion, für die Entwicklung ihrer Wirtschaft, Wissenschaft und Verteidigungsbereitschaft« sehr viel geleistet hätten. »Ganze Zweige der Industrie und der Wissenschaft wurden in hohem Maße aufgrund der Anstrengungen unserer deutschen Freunde im Bereich der Aufklärung weiterentwickelt. Uns wurden unentgeltlich im Rahmen der Zusammenarbeit Ergebnisse der Grundlagenforschung, neueste Technologien und Muster technischer Neuentwicklungen zur Verfügung gestellt. Im Verlaufe der Jahrzehnte stellten unsere Freunde aus der DDR uns Werte in Höhe von Dutzenden Milliarden Dollar zur Verfügung, sofern man das überhaupt in Geld ausdrücken kann. Von den Freunden erhielten wir politische Informationen, die ihren Niederschlag in politischen Entscheidungen von perspektivischer Bedeutung fanden. Sie waren uns unschätzbare Hilfe bei der Gewährleistung der Sicherheit sowjetischer Bürger und Einrichtungen im Ausland. Sie halfen, Angriffe zu verhindern, Entführungen zu vereiteln und Provokationen abzuwehren. Wir blieben auch nicht undankbar und bemühten uns unsererseits ebenfalls zu helfen.

Trotzdem müssen wir anerkennen, dass die DDR-Aufklärung für uns weit mehr getan hat.« Als wir für die DDR, hätte ehrlicherweise die Fortsetzung lauten müssen.

Auch wenn der Verräter Jan Šejna viele operative Geheimnisse ausplauderte: Wie psychologische Kriegsführung funktionierte, wussten die Amerikaner selbst. Sie hatten sie schließlich erfunden. 1917 wurde der erste staatliche Propaganda-Apparat der Welt in den USA gegründet. US-Präsident Woodrow Wilson bewilligte dem *Committee on Public Information* (CPI) dafür jährlich fünf Millionen US-Dollar. Die Zeitungen im Ausland wurden mit USA-freundlichen Informationen versorgt; Ausstellungen und Plakate genauso wie Bücher, die in diesen Ländern verbreitet wurden, sollten ein positives Licht auf die USA werfen. Das CPI finanzierte weltweit Hunderttausende Redner, Schriftsteller, Journalisten, Karikaturisten, Werbeagenten und Regierungsbeamte. Dabei bediente man sich der weißen, grauen und schwarzen Propaganda. Bei der »weißen Propaganda« war die Quelle der Nachricht erkennbar und der Wahrheitsgehalt der Informationen überprüfbar, eine Lüge konnte unter Umständen darum auffliegen. Bei der »grauen Propaganda« waren weder Absender noch Wahrheitsgehalt eindeutig zu bestimmen, und die »schwarze Propaganda« operierte bewusst mit falschen Quellen, der Urheber blieb im Verborgenen, und meist handelte es sich um Halbwahrheiten und Lügen.

Auf dieser Klaviatur spielten die US-Amerikaner über Jahrzehnte. Die Publizisten und Politologen Walter Lippmann und Harold Laswell, selbst an das CPI angebunden, erklärten Ende der 30er Jahre: »Wenn die öffentliche Meinung so eine machtvolle Kraft in der Welt ist, in einer Welt, in der unser Überleben gefährdet ist, dann sollten wir daran interessiert sein, diese Meinung in unserem Sinne zu beeinflussen.« Das ist bis heute Programm.

Während des Zweiten Weltkrieges wurde der Propaganda-Apparat ausgebaut und spezifiziert, das Außenministerium und vor allem der neue Kriegsgeheimdienst *Office of Strategic Services* (OSS, Vorgänger der CIA) waren dabei federführend. Der zunächst auf die Niederwerfung des faschistischen Deutschlands orientierte Propagandakrieg erfuhr jedoch nach 1945 eine deutliche Korrektur. Am 1. Juni 1953 rief Präsident Dwight

D. Eisenhower die *United States Information Agency* (USIA) ins Leben, womit die pro-amerikanische und antikommunistische Propaganda zentralisiert und ausgebaut wurde. Ein bezeichnendes Beispiel der Propagandaaktionen konnte man während der sogenannten Kuba-Krise 1962 erleben: Die USIA verbreitete sofort mehr als 50 000 Fotos an 225 »befreundete« Stellen auf dem ganzen Globus, um für die Weltöffentlichkeit die Vorgänge bildlich zu dokumentieren und um die US-amerikanische Haltung zur Kuba-Krise darzustellen. Die Kopien wurden mit Luftexpress umgehend an Regierungen auf der ganzen Welt gesandt und Verlegern und Herausgebern von Zeitungen zur Verfügung gestellt. Sie sollten die Behauptung belegen, dass die Sowjetunion auf Kuba geheime Raketenstationen aufbaue, um die USA zu bedrohen.

Frances Stonor Saunders, eine britische Historikerin, urteilt in ihrem 1999 erschienenen Buch »Who Paid the Piper?« (Wer die Zeche zahlt) über diese intensive globale Desinformation: »Während der Hochphase des Kalten Krieges investierte die US-Regierung enorme Summen in ein geheimes Programm, das der kulturellen Propaganda in Westeuropa diente. Ein zentrales Element dieses Programms bestand darin, die Beteuerung der Regierung, *kein* derartiges Programm zu unterhalten, nach außen hin glaubhaft zu machen. Gesteuert wurde es unter strengster Geheimhaltung von Amerikas Spionagemacht, der CIA.« Das Kernstück dieser Kampagne war der »Kongress für kulturelle Freiheit«, der in den Jahren 1950 bis 1967 von dem CIA-Agenten Michael Josselson geleitet wurde. Saunders sarkastisch: »Nüchtern betrachtet, ähnelte dieser Kongress einer Art Versorgungsanstalt für ebenso geldgierige wie ruhmsüchtige Lumpenkünstler und Lumpenintellektuelle, die sich das antikommunistische Mäntelchen lediglich aus Verkaufsgründen umhingen. Von antikommunistischem Idealismus war da wenig zu spüren, umso mehr jedoch von trivialer Abstaubermentalität: Gegen fette Honorare und Unterbringung in Schweizer Luxushotels wurden da im Namen des Kampfes gegen den Kommunismus die immer gleichen, langweiligen, anderweitig bereits bezahlten Vorträge gehalten«.

Mit dem Ende des Kalten Krieges fiel es auch der USIA zunehmend schwerer, ihre Aktivitäten gegenüber dem Kongress zu begründen und Budgeterhöhungen durchzusetzen. Der Vorsitzende des *Foreign Affairs Committee*, Jesse Helms, forderte sogar, die USIA abzuschaffen. Doch das tat kein US-Präsident. Im Zuge der Restrukturierung unter Clinton war die USIA am 1. Oktober 1999 organisatorisch dem Außenministerium zugeschlagen worden. Für gezielte Kampagnen engagierte die Regierung professionelle Werbeagenturen oder ehemalige Angestellte der PR-Industrie. Parallel dazu wurde im Pentagon auf Initiative von Verteidigungsminister Donald Rumsfeld 2002 das *Office of Strategic Influence* (Büro für strategischen Einfluss) gegründet, eine Behörde für Zersetzungspropaganda und Desinformation. Mittel für schwarze Propaganda waren explizit vorgesehen. Am 21. Januar 2003 gab Präsident George W. Bush die Gründung eines neuen Apparats bekannt – des *Office of Global Communications* (Büro für globale Kommunikation). Es wurde unmittelbar dem Weißen Haus unterstellt. Das »Büro« vergab Aufträge an die Werbeagentur Rendon Group. Diese bediente sich nachweislich der grauen und der schwarzen Propaganda. Ein Beispiel dafür war die Behauptung, Saddam Hussein habe 1998 die internationalen Waffeninspekteure aus dem Land geworfen. Richtig war, dass Chefinspekteur Richard Butler sein Team aus dem Irak abzog, weil er von den bevorstehenden US-Bombenangriffen Kenntnis hatte. Ebenso der grauen Propaganda zuzurechnen waren die Behauptungen über Biowaffenlabors im Irak, mit denen der Irakkrieg 2003 legitimiert wurde. Ein parlamentarischer Untersuchungsausschuss kam im April 2005 zu dem Schluss, dass die Behauptungen nichts mit der Realität zu tun hatten. Die ihnen zugrunde liegenden Geheimdienstinformationen waren falsch. Damit stellte sich die offizielle Kriegsursache als frei erfunden heraus. Zu einem Aufschrei der Empörung führte dies jedoch nicht mehr … Den Kriegen der USA ging immer schwarze Propaganda voraus. Ihre Geheimdienste logen stets vermeintliche Gründe zum Zuschlagen herbei, und ihre Multiplikatoren in den ihnen nahestehenden Staaten verbreiteten sie unkommentiert weiter. Wer widersprach, wurde als »amerikafeindlich« stigmatisiert.

Haben wir in der Abteilung X der HVA vom Klassenfeind gelernt? Es wäre eine Lüge, würde ich dies bestreiten. Wir schauten uns bestimmte Methoden ab.

Bei uns kursierte ein Buch von Sefton Delmer. Der britische Journalist, 1904 als Sohn eines australischen Anglistikprofessors in Berlin geboren, hatte zu Beginn der 60er Jahre eine Schrift unter dem Titel »Krieg im Äther: Geheimsender gegen Hitler« veröffentlicht. Delmer arbeitete als Korrespondent für den *Daily Express* in Berlin, berichtete vom Spanischen Bürgerkrieg für die *New York Times* und wurde schließlich beim Deutschen Dienst der *BBC* aktiv, als der Krieg gegen Polen begann. Der konsequente Antifaschist leitete zwischen 1941 und 1945 mehrere deutschsprachige Propagandasender, die sich gekonnt aller Methoden der weißen, grauen und schwarzen Propaganda bedienten. Nach dem Krieg leitete Delmer noch anderthalb Jahrzehnte das Auslandsressort des *Daily Express,* wo er entschieden gegen die Alt-Nazis in der Bundesrepublik stritt. Dabei hatte es ihm besonders Reinhard Gehlen und dessen Dienst angetan, aus dem in den 50er Jahren der BND hervorging. Gehlen und seine braunen Kumpane hatten schon für Hitler spioniert. Dafür wurde Sefton Delmer wiederum aus der Bundesrepublik scharf attackiert. Der *Spiegel* zitierte in seiner Ausgabe 37/1954 genüsslich aus einem – angeblichen oder tatsächlichen? – deutschen Leserbrief, in welchem der damals 50-jährige Delmer als »jüdisches Reporterschwein« tituliert wurde. Delmer konterte elegant: »Jedenfalls das Adjektiv ist nicht richtig.« Man sah dem britischen Nazi-Gegner in Hamburg nicht nach, dass er die Reanimierung von Nazi-Richtern, Nazi-Militärs und Nazi-Geheimdienstlern, von Nazi-Politikern und Nazi-Journalisten in der Bundesrepublik kritisierte. Der *Spiegel,* der in der Nachkriegszeit etwa ein Dutzend ehemals hochrangiger SS-Führer und Nazi-Verantwortlicher als Mitarbeiter beschäftigte, bedauerte in seiner Titelgeschichte, dass die Bundesrepublik Delmer nicht ausweisen könne wie es das Deutsche Reich, Franco-Spanien, Ägypten, Polen und die Tschechoslowakei damals mit Delmer getan hatten, weil doch die Bundesrepublik keine Alliierten ausweisen dürfe, »solange die Bundesrepublik noch keine Souveränität besitzt«. Grund aber hätte sie allemal, weil Delmer den Bundesministern Oberländer, Preusker und Kraft »wackeren Nazismus« bescheinigt hatte. So der *Spiegel* 1954. Bundesverkehrsminister Seebohm ließ vorsorglich die *Neue Zürcher Zeitung* wissen, dass Delmer »nach Verleihung der Souveränität auf der schwarzen Liste an erster Stelle stehen werde«.

Nur zur Erinnerung: Bundesvertriebenenminister Theodor Oberländer, NSDAP-Mitglied seit 1933, war u. a. beim »Bataillon Nachtigall«, das in Lemberg Massenmorde an der Zivilbevölkerung verübte, weshalb er 1960 in der DDR in Abwesenheit zu lebenslanger Haft verurteilt wurde. Bundesbauminister Victor-Emanuel Preusker, seit 1933 bei der SS und NSDAP-Mitglied, war während des Krieges Luftwaffenoffizier, und Waldemar Kraft, NSDAP-Mitglied und seit 1939 Ehren-Hauptsturmführer der Allgemeinen SS, war von 1940 bis 1945 Geschäftsführer der »Reichsgesellschaft für Landbewirtschaftung in den eingegliederten Ostgebieten mbH« (»Reichsland«). Kraft gehörte zu den Mitbegründern des Bundes der Heimatvertriebenen und Entrechteten und saß von 1953 bis 1956 als Bundesminister für besondere Aufgaben im Adenauer-Kabinett.

Und Hans-Christoph Seebohm, von 1933 bis 1949 bei Bergwerks-, Erdöl- und Maschinenbauunternehmen tätig, darunter sogenannten arisierten Betrieben, u. a. als Direktor und Geschäftsführer, war von 1947 bis 1955 stellvertretender Bundesvorsitzender der Deutschen Partei, ehe er sich der CDU anschloss. Die DP war eine revanchistische Partei, die die Verantwortung Nazi-Deutschlands am Zweiten Weltkrieg leugnete und ein Deutschland in den Grenzen von 1937 forderte …

Rolf Wagenbreth hatte das Buch von Sefton Delmer besorgt. Es kursierte durch die Abteilung wie ein Lehrbuch. Und wir haben dem viel entnehmen können, etwa wie weiße, graue und schwarze Propaganda organisiert wurde. Mich verließ nie der Verdacht, dass Karl-Eduard von Schnitzler das Buch ebenfalls gelesen hatte. Denn warum sonst hieß sein *Schwarzer Kanal* Schwarzer Kanal?

Wir schauten die Methoden ab, wie man mit Meldungen Stimmung und Aufmerksamkeit erzeugt, wie Personen in den öffentlichen Fokus gerückt werden, wie man Stellungnahmen provoziert und ähnliches mehr. Individuen waren dabei allenfalls Medien, es ging nicht ursächlich um eine Person, die propagandistisch vorgeführt werden sollte, sondern um das System, das sie repräsentierten. Von uns inszenierte Kampagnen gegen Globke, Lübke, Oberländer und andere Bundespolitiker sollten einerseits die personelle Kontinuität vom Nazi-Reich zur Bundesrepublik offenlegen, andererseits die demokratischen Kräfte in der Bundesrepublik mobilisieren, sich dagegen zu engagieren. Und drittens sollte dem kritischen wie aufmerksamen Ausland bewusst gemacht werden, dass noch eine zweite deutsche Republik existierte, die mit dem »Dritten Reich« politisch, personell und wirtschaftlich gebrochen hatte. Dieses »andere Deutschland« war der antifaschistische Gegenentwurf zur Bundesrepublik, die sich aber anmaßte, für alle Deutschen, insbesondere für die in der DDR lebenden, zu sprechen und zu handeln. So gesehen war unsere Arbeit auch Teil der kollektiven Bemühungen, die internationale diplomatische Blockade zu durchbrechen und später, nachdem die DDR in der UNO saß und von weit über hundert Staaten anerkannt worden war, ihre Reputation zu erhöhen und ihr Engagement auf der europäischen Bühne abzusichern und zu begleiten.

Die HVA in Helsinki im christlichen Hospiz

Ich war kein Freund des Militärischen. Allerdings fand jedes Jahr für uns und andere hauptamtliche Mitarbeiter der Auslandsaufklärung ein Sommerlager statt. Die meisten hatten gegen diese Übung aus unterschiedlichen Gründen eine Abneigung und versuchten sich davor zu drücken, indem sie etwa Treffs mit IM im Ausland als Entschuldigungsgrund vorschützten. Insbesondere die älteren Mitarbeiter verspürten wenig Lust auf Kriegsspiele in der Natur. Damit kamen sie aber selten bis nie durch, weshalb ich es erst gar nicht versuchte. Zum einen wurden die Termine für das Sommerlager immer sehr früh bekanntgegeben, weshalb man die operative Arbeit einschließlich Treffs darauf einstellen konnte. Zum anderen mussten inbesondere die Zusammenkünfte mit IM im Ausland vom Abteilungsleiter genehmigt werden. Und Wagenbreth achtete sehr pedantisch darauf, dass die X in der gemeldeten Stärke antrat.

Nur einmal erlitt sein diesbezüglicher Ehrgeiz einen Dämpfer. Das geschah bei einer Übung an einem See bei Teupitz. Die angenommene Ausgangslage: Feindliche

Kampfschwimmer wollen anlanden, um Sabotageakte zu begehen – wir sollen das Ufer verteidigen und die Angreifer vernichten.

So lagen wir denn am Ufer und harrten der Dinge und der Agenten, die da kommen sollten. Irgendwann sahen wir im Fernglas die Köpfe der Schwimmer über der Wasserlinie, jeder nahm einen ins Visier und wartete auf den Feuerbefehl. Doch statt des Kommandos brüllte der Kommandeur völlig hysterisch: »Übung sofort beenden! Waffen entladen und sichern. Sammeln!«

Die Aufregung war mehr als berechtigt. Man hatte in der Waffenkammer die falsche Kiste gegriffen. Statt der Platzpatronen war scharfe Munition ausgeteilt und in die Magazine geladen worden. Ich hielt mich beim Ballern immer zurück, denn der Schmauch, den die Platzpatronen beim Abfeuern in der Waffe hinterließen, war nur schwer zu entfernen. Beim Waffenreinigen fand der Kontrolleur mit seinem weißen Lappen immer ein Rußkörnchen, das einem tadelnd vor die Augen gehalten wurde. Und deshalb machte ich ungern den Zeigefinger krumm – im Unterschied zu manchem Kollegen, der auf Dauerfeuer stand und gern ein zweites und drittes Magazin mit jeweils dreißig Schuss heimlich übernahm und mit seiner Kalaschnikow in die Welt pustete.

Scharfe Munition! Das hätte ein Blutbad geben können.

Anschließend rollten Köpfe.

Und Wagenbreth schaute künftig durch die Finger, wenn man trotz langfristiger Ankündigung des Sommerlagers plötzlich einen Trefftermin im Ausland beantragte.

Ich traf mich zumeist mit meinen West-IM in Jugoslawien, weil dies aus Westperspektive nicht zum Ostblock gehörte und darum weniger verfänglich schien. Und nicht wenige Westdeutsche machten gern Urlaub an der Adria. So fanden die Treffs im slowenischen Ljubljana statt, das von Österreich rasch mit dem Auto zu erreichen war, oder im kroatischen Rijeka, Split, Dubrovnik oder Zagreb, gelegentlich in Prag, Helsinki oder auch in Budapest. In der ungarischen Hauptstadt erlebte ich meine Feuertaufe, es war mein erster Auslandstreff mit einer Quelle aus dem Operationsgebiet.

Es handelte sich um IM »Winter«, einen Verleger aus Frechen bei Köln und eine wichtige Größe im West-Ost-Geschäft. Dieser Günter Sorge war bereits 1954 angeworben worden, als er für den westdeutschen *Industriekurier* schrieb. Am Rande einer Außenministerkonferenz lud man ihn ein, auch für die in Berlin erscheinende *Weltbühne* zu schreiben. Daraus wurde dann mehr. Der Journalist Sorge gehörte zu Adenauers Reisetross und galt als Spezialist in Wirtschafts- und Handelsfragen. Wagenbreth intensivierte die Verbindung, die X animierte Sorge, einen Verlag zu gründen und ein Blatt herauszugeben, die *Industrie- und Handelsrevue (IHR)*. Unter diesem legalen Dach versammelte sich bis zum Ende des Dienstes alles, was im Ost-West-Geschäft Rang und Namen hatte – vom Bundeswirtschaftsminister bis zu Günter Mittag. Die Finanzierung erfolgte über Anzeigen, die DDR-Firmen schalteten. Auf diese Weise flossen jährlich aus der DDR bis zu 100 000 DM in die Zeitschrift. Neben den zweifellosen Stärken – nämlich dass er Hinz und Kunz kannte und uns mit wirklich wichtigen Informationen belieferte, er zudem mit der *IHR* eine exzellente Plattform für Nachrichten bot, die wir lancieren wollten – hatte IM »Winter« auch mindestens zwei Schwächen: Er trank über die Maßen und war, was sicherlich damit zusammenhing, finanziell immer klamm. Günter

Bohnsack und der IPW-Professor Jürgen Nitz, die in den 80er Jahren die Quelle betreuten, klagten über dessen Geldwünsche, die stetig wuchsen. Die Aufklärung konnte in der Wendezeit auch diese Akten vernichten, doch man entdeckte IM »Winter« alias Günter Sorge in den Rosenholz-Dateien. Das Verfahren sollte 1996 stattfinden, ich hatte bereits eine Vorladung aus Düsseldorf erhalten, doch der Generalbundesanwalt stellte das Verfahren gegen die Zahlung von 5000 DM wegen »geringen Verschuldens« ein. Da zeigte sich die Justiz ausnahmsweise menschlich: Sorge hatte mehrere Schlaganfälle erlitten und konnte kaum reden, was sicherlich Folge des exzessiven Alkoholgenusses war, wovon ich wiederholt bei Treffen in Budapest oder Prag Kenntnis nehmen musste. IM »Winter« saß dann stets bräsig in seinem Sessel, die Beine von sich gestreckt, nuckelte an einer dicken Havanna und nippte an seinem Ballantine's, der von ihm bevorzugten Whisky-Marke. »Hör mal«, sagte er, »man muss als Geschäftsmann Schulden machen. Unter einer Millionen wirst du nicht gegrüßt, erst über eine Millionen nehmen sie dich ernst.«

Wagenbreth schickte mich also nach Budapest und bat seinen Freund und Gartennachbarn, einen Oberstleutnant aus der Abteilung XVIII, mich als jungen Genossen ein wenig unter seine Fittiche zu nehmen. Er sprach von Fürsorge, meinte aber Obhut. Ich traf den Genossen OSL nach meinen anstrengenden Gesprächen mit IM »Winter« in einer Bar, wo er mich, schon nicht mehr ganz nüchtern, erwartete. Er trank viel und teuer, ich hielt mich zurück, weil ich mir geschworen hatte: bei Auslandsreisen wenig Alkohol und keine Frauen. Ich begründete dem Genossen Oberstleutnant, den ich standesgemäß siezte, meine Abstinenz durch meinen geringen

Tagessatz. Meine finanziellen Reserven seien bereits für das sehr teure Hotel, das zu nehmen ich wegen der Quelle gezwungen war, ziemlich erschöpft. Daraufhin griff mein von Wagenbreth bestellter Mentor in die Tasche und drückte mir feixend einen Packen Forint in die Hände. Ich wusste nicht, was mir an jenem Abend peinlicher war: den volltrunkenen Vorgesetzten von der Bar ins Hotel zu bringen, oder die Schamlosigkeit, mit der Dienstspesen versoffen wurden, wo unsereiner zu größter Sparsamkeit angehalten wurde. Ich berichtete meinem Chef, der verdonnerte mich, darüber zu schweigen. Nun, der Genosse aus der XVIII, dessen Namen ich vergessen habe, wurde auch nicht sehr alt. Erst flog er aus dem Dienst, dann aus der Bahn. Er starb ziemlich früh.

In Budapest war ich oft unterwegs, nicht nur, weil es mir dort besonders gut gefiel. Das von János Kádár geführte Land trug den spöttelnden Beinamen »lustigste Baracke im sozialistischen Lager«, womit auf die Lebensart der Ungarn rekuriert wurde, und die wurzelte vermutlich noch in der k. u. k. Zeit.

Einmal baten uns die Freunde aus Moskau um eine Personenauskunft. Sie erwarteten einen Korrespondenten aus dem Springer Verlag, wussten aber nichts von und über ihn, er war offenkundig ein unbeschriebenes Blatt.

Ich machte mich mit IM »Michael« und dessen Frau IM »Eva« auf den Weg nach Budapest. Herbert Otto war ein bekannter Autor aus der DDR und hatte auch in Ungarn seine Fans. Vor allem aber war er mit Sch. befreundet, der zum Uraltinventar des Springer Verlages gehörte. Wenn wir über den von den Sowjets angefragten Mann etwas in Erfahrungen bringen wollten, dann nur über Sch., sagte Herbert, mit dem ich inzwischen befreundet war.

Herbert hatte einige Lesungen am Balaton, und irgendwie arrangierte er eine Begegnung mit Sch., der mit seiner Frau aus irgendeinem Grunde in Budapest weilte. Allerdings hatten wir eins nicht bedacht: Sch. soff wie ein Loch. Schon mittags war er betrunken, dass man kein vernünftiges Wort mehr mit ihm wechseln konnte. Zweimal unternahm ich Anläufe, ihn zumindest beim Frühstück nüchtern zu erwischen, was aber nicht gelang. Also musste ich gegen meine eigenen Grundsätze verstoßen und mit ihm am Abend an der Hotelbar trinken. Das Gespräch war nicht so flüssig wie der Alkohol und sonderlich ergiebig leider auch nicht. Sch., dem ich von Herbert Otto als Journalist vorgestellt worden war, der von einem Profi aus dem Westen mal erfahren wollte, wie man eine richtige Zeitung mache, erzählte mir über seine Probleme am Arbeitsplatz und welchen Ärger es in der Redaktion gebe. Offenkundig gab es davon reichlich, weshalb er sich fortgesetzt einen auf die Lampe schüttete. Auch seiner Frau war dies erkennbar zuwider, und sie nahm mitleidsvoll meine Bemühungen zur Kenntnis, weshalb sie mir nach jenem Abend, der mein letzter in Budapest sein sollte, behilflich war, ihren noch nicht ganz nüchternen Mann am anderen Morgen mit mir unter die Dusche zu bugsieren. Anschließend frühstückten wir gemeinsam, und in diesen anderthalb Stunden ohne einen Tropfen Hochprozentigen erzählte mir Sch. konzentriert, was ich wissen wollte.

Mich quälte, was ich bislang verschwieg, klassische Flugangst, und wenn es sich irgendwie einrichten ließ, zog ich die Reise auf der Schiene einer in der Luft vor. Dazu trug maßgeblich eine Beobachtung bei, die offenkundig ein Trauma bei mir auslöste. Ich hatte mich zu einem Treff mit einem IM in Zagreb verabredet und flog, wie üblich, von Schönefeld nach Prag, um dort in eine jugoslawische Maschine umzusteigen, die mich in die kroatische Hauptstadt bringen sollte. Allerdings beförderte die Maschine auch Särge. Es handelte sich um die sterblichen Überreste der Crew und von 22 Passagieren, die mit einer DC-9 der jugoslawischen Airline JAT von Kopenhagen nach Zagreb unterwegs und über tschechoslowakischem Territorium abgestürzt war. Später hieß es offiziell, es habe sich um einen terroristischen Anschlag kroatischer Ustascha-Faschisten gehandelt, mehr als drei Jahrzehnte später wollte hingegen ein westdeutscher Rundfunkjournalist ermittelt haben, dass dies eine vom tschechoslowakischen und jugoslawischen Geheimdienst erfundene und verbreitete Geschichte gewesen sei: Tatsächlich sei die Maschine nach einem ungeklärten Zwischenfall an Bord in den Sinkflug übergegangen, dabei vom Kurs abgekommen und in wenigen hundert Metern Höhe über sensibles militärisches Gelände geraten, weshalb die Luftverteidigung das Flugzeug abgeschossen habe, was mit dieser Ustascha-Tataren-Meldung vertuscht werden sollte. Egal, welcher Version man nun Glauben schenken mag: Ich wurde Zeuge, wie 26 Särge an Bord kamen, die nachdrücklich darauf hinwiesen, wie lebensgefährlich das Fliegen sein konnte. Diese Trauma existiert noch immer, ich meide Flugreisen bis zum heutigen Tage. Vor Dienstreisen hingegen konnte ich mich kaum drücken.

Bei solchen Ausflügen auf Spesenbasis galt für mich, obgleich kein Freund von Traurigkeit, asketische Genügsamkeit. Trunkenheit führte zu Kontrollverlust, der im

Geheimdienstgewerbe tödlich sein kann. Und da man nie seine Umgebung und sich selbst aus dem Blick verlieren durfte, war es besser, stocknüchtern zu bleiben. Frauenbekanntschaften waren nicht weniger gefährlich. Die professionelle Verführung musste nicht nur zum vereinbarten Tarif erfolgen: Die ganze Brieftasche und mehr konnte auf diese Weise entschwinden. Auch die Möglichkeit eines Versuchs des gegnerischen oder des eigenen Dienstes bestand, entweder die Identität des Kunden oder die moralische Standhaftigkeit des Kundschafters festzustellen. Dies geschah mir einmal, als ich allein nach Budapest zu einem Treff flog.

Bereits in Schönefeld geriet eine junge, attraktive Frau in mein Blickfeld, die sich unauffällig in meine Nähe drängte. Bei der Passkontrolle erfuhr ich, dass sie aus Thüringen kam und zu einer Messe nach Budapest wollte. Im Warteraum sprach sie mich wegen irgendeiner Belanglosigkeit an, ein Wort gab das andere. Und, ach, auch sie war gelernter Schriftsetzer wie ich, sie war mir nicht unsympathisch. Während des Fluges offenbarte sie mir, dass sie noch kein Hotelzimmer in Budapest reserviert habe, sie reise auf blauen Dunst. Vielleicht sage ich ihr, wo ich absteigen würde, zur Sicherheit, damit sie notfalls um Quartier bitten könne? Dazu lachte sie verführerisch und naiv zugleich.

Fast wie vermutet, klopfte es morgens gegen zwei Uhr an meine Tür. Ich öffnete im Schlafanzug, und obgleich ich ziemlich verpennt war, läuteten alle Alarmglocken bei mir. Ich war nun mehr denn je davon überzeugt, dass sie in der Ruschestraße ihren Kampfauftrag erhalten hatte. Sie habe, sagte die hübsche Frau mit sanftem Augenaufschlag, kein Quartier – ob ich ihr nicht für ein paar Stunden Obdach gewähren könne. Ich solle unbesorgt sein: Sie habe den Rezeptionisten geschmiert, wir blieben ungestört.

Wie sie sich das vorstelle, fragte ich, und wies auf die karge Möblierung des Raumes: ein Bett, ein Stuhl, ein Sessel.

Ach, meinte sie, wenn wir zusammenrückten, würde es schon irgendwie gehen, und ihre Augenlider senkten sich verführerisch.

Ich mache es kurz: Mein Lager auf Sessel und Stuhl war nicht sonderlich bequem, und als sich die Dame gegen sieben Uhr aus meinem Bett erhob und grußlos verschwand, weil ich doch angeblich noch in Morpheus Armen ruhte, wechselte ich augenblicklich die Lagerstatt, um noch eine Mütze Schlaf zu nehmen. In meinem Bericht kam die Frau nicht vor, und Wagenbreth erkundigte sich auch nicht nach ihr; er hätte sich sonst verraten. Aber ich hatte offensichtlich den Härtetest bestanden.

Ein andermal fuhr ich gemeinsam mit Bohnsack zur Messe nach Poznan, der dritte im Bunde war Fiete, der Kraftfahrer unserer Abteilung, der später Markus Wolf chauffierte, selbst dann noch, als der Chef 1986 seinen Dienst beim Dienst quittierte. Fiete war verlässlich und verschwiegen, eine Vertrauensperson in jeder Hinsicht. Schon am ersten Abend drängten zwei polnische Grazien in unsere Nähe, wir waren geschmeichelt und vorsichtig, obgleich Günter und ich uns darin einig waren, dass es sich wohl um zwei Professionelle handelte, die auf der Suche nach Kundschaft waren. Auf der anderen Seite: Sie bevorzugten zwar deutsche Freier, allerdings nicht unbedingt welche aus der Nachbarschaft. Weshalb also uns, welche mit Alu-Chips in der Tasche? Als wir ihnen die kalte Schulter zeigten, was nicht nur Bohnsack bedauerte, denn die beiden waren wirklich eine Augenweide, wandten sie sich anderen Hotelgästen zu.

Am nächsten Abend wiederholte sich die Übung. Bohnsack und ich legten nach einer Weile alle unsere Złoty auf den Tresen und sagten unverblümt: Mädels, das Geld gehört euch, wenn ihr uns verratet, wer euch geschickt hat. Es seien zwei Deutsche gewesen, gestanden sie freimütig. Westdeutsche, um genau zu sein. Sie hätten sie dafür bezahlt, dass sie uns abschleppten. Aber ganz koscher sei ihnen das nicht – sie würden lieber unser Geld nehmen und verschwinden.

Wir teilten diesen Wunsch, riefen nach Fiete und packten augenblicklich unsere Koffer. Wer hatte uns da auf dem Schirm? Ganoven oder westdeutsche Kollegen? Egal, Spitzbuben waren sie alle.

In weitaus besserer Erinnerung blieb mir eine Reise nach Hamburg, und nicht nur deshalb, weil sie per Bahn erfolgte. Es war Sommer 1974, und in der BRD wurde die Fußballweltmeisterschaft ausgetragen. Die DDR hatte zum ersten Mal überhaupt die Endrunde erreicht und war, ausgerechnet, der Bundesrepublik zugelost worden. Im Hamburger Volksparkstadion sollten die beiden deutschen Nationalmannschaften aufeinandertreffen. Zuvor hatten wir Australien mit 2:0 geschlagen und gegen Chile ein Unentschieden mit 1:1 erreicht.

Ich gehörte zu den anderthalbtausend Fußballfans aus der DDR, die am 22. Juni mit einem Sonderzug zum Spiel aller Spiele reisten. Zwei Mitarbeiter aus jeder Abteilung der HVA waren zu dieser »Maßnahme« abkommandiert, jeder von uns bekam zehn D-Mark Taschengeld, denn es ging am Abend bereits wieder zurück. Die Aufgabe der mitreisenden Mitarbeiter des MfS, wir waren bekanntlich nicht die einzigen, bestand in erster Linie darin, die

DDR-Mannschaft anzufeuern – der Vorzug dieser Fans bestand allerdings darin, dass sie faktisch überprüft waren und die Gefahr, dass sich jemand aus diesem Kreis absetzen würde, war somit gering. Das zu verhindern war die zweite Aufgabe, denn es reisten auch ganz »normale« Bürger mit nach Hamburg, von denen man nicht wusste, ob sie wieder mit nach Hause zurückkehren würden. Im Nachbarwaggon gab es mindestens zwei Männer, die, kaum dass der Zug in Hamburg-Altona am Bahnhof zum Stehen gekommen war, »Asyl, Asyl!« aus dem Fenster riefen.

Auf dem überfüllten Bahnsteig standen Gaffer, Presseleute und andere Dienste, die auf die Exoten aus dem Osten neugierig warteten. Es waren aber auch genügend Genossen der DKP erschienen, erkennbar an einem Abzeichen an der Jacke. Jeweils ein halbes Dutzend von ihnen stand an den Türen und schirmte die Aussteigenden ab. Andere drängten die Fotografen beiseite, denn es schien, als lauerten diese auf eine solche Aktion. Entweder aus Prinzip oder weil eine Flucht angekündigt worden war. Die »Asyl, Asyl!«-Rufer täuschten, um in die Obhut des Roten Kreuzes genommen zu werden, Herz- und Kreislaufprobleme vor. Es erschienen auch umgehend vier Männer mit zwei Tragen, drängten in den Waggon und luden die beiden nebst Handgepäck auf. Widerstandslos trug man die »Asylbewerber« nach draußen. Wie ich später hörte, befanden sie sich schon Stunden später wieder in der DDR. Die Krankenträger waren welche von uns, sie hatten die Rufer in einen Transporter vorm Bahnhof gesetzt, der die beiden postwendend in die Heimat zurückbrachte.

Der Aufenthalt war gut vorbereitet und durchgängig organisiert. Nach der kollektiven Essenseinnahme im

Kongresshotel bummelten wir durch die Innenstadt und unternahmen eine Hafenrundfahrt. Dann ging es fähnchenschwenkend in Kolonnen, stets abgesichert durch Genossen der DKP, zum Volksparkstadion. Am Eingang nahm man uns alle Bierflaschen ab, die wir gebunkert hatten. Im Zug war ein Postwagen mitgefahren, der bis unters Dach mit Bierkästen aus Radeberg vollgestapelt war. Das hatte bereits bei der Anreise für gute Stimmung gesorgt, und damit das so bliebe, hatte sich jeder von uns ein paar Flaschen in die Tasche gesteckt. Die wurden wir nun los, was unseren traditionellen Unmut auf den Klassenfeind nur verstärkte. Ich weigerte mich, von meinem Taschengeld teures Westbier im Plastebecher im Stadion zu kaufen, sondern gab es für Souvenirs aus, Tinnef, der daheim bezeugte: Ich war dabei, als die DDR die BRD mit 1:0 besiegte.

Entgegen der unausrottbaren Behauptung handelte es sich nicht um das erste und einzige Spiel der beiden Fußballmannschaften. Man trat schon einmal anderthalb Jahrzehnte vor diesem Hamburg-Spiel gegeneinander an, um für die gesamtdeutsche Olympia-Mannschaft von 1960 in Rom die Fußballauswahl zu nominieren. Die beiden Nationalmannschaften spielten am 16. September 1959 im Walter-Ulbricht-Stadion – also dort, wo sich heute Berlins größtes Bauwerk erhebt, die BND-Zentrale – und sieben Tage später im Düsseldorfer Rhein-Stadion. Zu beiden Spielen waren keine Zuschauer zugelassen, man spielte vor leeren Rängen. Vielleicht ist das einer der Gründe, weshalb sich an diese beiden Spiele kein Mensch erinnert.

Die nächste Fußball-WM fand 1978 in Argentinien und wieder ohne DDR-Beteiligung statt. Doch Fußballfans wie unsereinen nahm das nicht die Begeisterung.

Meine Frau war mit den Kindern zu ihren Eltern aufs Land gereist. Wegen der Zeitverschiebung liefen zwei Gruppenspiele in der Nacht. Wir hockten zu viert vor der Glotze: Mutz, Bohnsack, Dornberger und ich und tranken, wie es sich gehörte, ordentlich Bier. Bohnsack kochte Kaffee, bevor wir umfielen. Am Morgen hingen wir alle mit dickem Schädel über der Kloschüssel, wir verzichteten auf Kaffee und eine Morgenzigarette, weil wir uns hundeelend fühlten, was uns unerklärlich war, denn so viel hatten wir nun doch nicht getrunken. Der Fahrer holte uns wie verabredet zum Dienst, wir schleppten uns in die Büros und quälten uns über den Tag. Am Abend entdeckte ich in der Küche den Grund für das kollektive Unwohlsein, als ich einen Rußpfropfen vor einem Gasrohrstutzen sah. Die angeblich stillgelegte Gasleitung war, so lange wir in dieser Wohnung lebten, immer ignoriert worden. Doch so tot wie behauptet war sie offenbar nicht, und es gab auch noch ein Ventil, das Bohnsack öffnete, nachdem er sich anheischig gemacht hatte, für uns in der ihm fremden Küche – zudem nicht mehr ganz nüchtern – Kaffee zu kochen. Das Gas strömte dann die ganze Nacht aus dem Rohr, und nur der Umstand, dass wir in der lauen Sommernacht alle Fenster geöffnet hatten, ließ uns überleben. Und wer weiß: Vielleicht hätte es auch ordentlich gerumst, hätten wir uns am Morgen eine Zigarette angezündet …

Die vier Männer aus der Abteilung X der HVA blieben glücklicherweise trotz dieses Malheurs dem Klassenkampf erhalten.

Einen Betriebsunfall ganz anderer Art erlebte ich in Helsinki. In der finnischen Hauptstadt traf ich mich wiederholt mit Quellen aus dem Operationsgebiet, es war für alle IM-führenden Mitarbeiter der Aufklärung ein beliebtes Terrain. Vermutlich lag es für westliche Dienste weitab »vom Schuss« und war darum für uns vergleichsweise sicher. Meine erste Dienstreise ins NSW – ins Nicht-Sozialistische Wirtschaftsgebiet, wie der Westen offiziell umschrieben wurde – führte mich ebenfalls dorthin. Ich begleitete Rolf Wagenbreth zu einem Treff mit Fleissmann aus Nürnberg (»Dürer«), um ihn mit seinem künftigen Kurier (IM »Wolfgang«) bekanntzumachen. In dem von uns reservierten Hotel tagte zur selben Stunde zu unserem Entsetzen ein Industriekonzern aus der BRD, wir wollten sofort den Ort wechseln. Fleissmann jedoch fand, dass es nichts Besseres gäbe, als sich unter die Konferenzteilnehmer zu mischen, die würden sich ohnehin untereinander nicht kennen, und da wir die gleiche Sprache wie sie sprechen würden, fielen wir garantiert nicht auf. So speisten wir denn fürstlich auf Konzernkosten in einem großen Saal zu viert an einer großen Tafel, gratis natürlich, und führten anregende Gespräche mit IM »Dürer«, wozu wir ja nach Helsinki gekommen waren. Die gesparten Spesen setzten wir auf dem Fischmarkt um. Wir drei Ossis kauften je ein Kilo frischen Lachs für zu Hause, dieser Fisch war nahezu unbekannt in der DDR, und die Anlagen, in denen er heute in Riesenmengen »produziert« wird, kannte man damals noch nicht.

Jene Episode nun, auf die ich zu sprechen komme, war einfach nur peinlich. Ich hatte mich zu einem Treff mit einem IM aus dem Operationsgebiet verabredet und ihm abschließend, wie üblich, die Reiseauslagen erstattet, doch wenig später forderte er eine Zugabe. Er hätte, so sagte er mir, in Helsinki mehr ausgegeben als geplant, das Geld reiche nicht für den Rückflug. Er müsse dieses verteuerte Ticket – es war der vorletzte Tag des Jahres –

aber nehmen, damit er pünktlich am Silvestermorgen in der Firma erschiene, um unnötige Fragen seines Arbeitgebers, aber auch seiner Frau zu vermeiden. Ich besaß einen sogenannten Sicherheitsbetrag, den DDR-Dienstreisende immer mit sich führten für den Fall, dass unerwartete Ausgaben im Ausland auf sie zukämen, Kreditkarten oder dergleichen gab es nicht. Das war nicht viel, aber als verfügbare Bar-Reserve verlieh sie einem ein beruhigendes Gefühl. Schweren Herzens rückte ich neunzig Prozent davon heraus in der Überzeugung, dass ich das Geld nicht selbst brauchen und wie üblich in der Kostenstelle daheim wieder abrechnen würde.

Seine Maschine hob ab, während meine nicht kam. Das Wetter hatte sich binnen Stunden dramatisch verschlechtert, es stürmte und schneite. Die Auskunft am Flugschalter offenbarte Unwissenheit, nur in einem war man sich gewiss und verwies auf das Kleingedruckte auf der Rückseite des Tickets, nämlich dass die Airline nicht für Ausgaben aufkäme, die durch Naturgewalten nötig würden. Mit anderen Worten: Wenn, wie es aussah, ich die Nacht in Helsinki verbringen müsste, dann zahlte nicht die Fluggesellschaft, sondern ich das Hotel.

Doch wovon? Ich war blank, meine Reserve davongeflogen.

Die DDR-Vertretung konnte ich nicht aufsuchen, dass war den Mitarbeitern der HVA prinzipiell untersagt.

Wohin also? Mir blieb nichts anderes übrig, als auf das Gebot der christlichen Nächstenliebe zu setzen, wozu hatte ich den Konfirmandenunterricht besucht? Ich klopfte also an bei einem evangelisch-lutherischen Hospiz, legte die letzten mir verbliebenen D-Mark auf den Tisch, bekam dafür zwei Teller Suppe und etwas Brot sowie ein Bett für eine Nacht. So lag ich, der DDR-

Spion, überglücklich in der vorletzten Nacht des Jahres in einem finnischen Hospiz mit dem Neuen Testament auf dem Nachttisch und der Hoffnung im Herzen, dass anderntags der Interflug-Flieger kommen werde, um mich abzuholen. Das tat er. Die Maschine hatte bereits in der Sowjetunion einige Dienstreisende aus der DDR eingesammelt, die Silvester daheim verbringen wollten, und auch im Vantaa Airport drängte ein beachtliches Grüppchen Handelsleute, Monteure und Diplomaten aus der Heimat die Gangway hinauf.

Was lehrte mich das? Fortan führte ich in meinem präparierten Gürtel immer einen Notgroschen mit mir, der unangetastet blieb, weil er ja nicht existent war.

Zum Tanz mit Tereschkowa

Die Zusammenarbeit zwischen den Aufklärern der Sowjetunion und der DDR, und vermutlich nicht nur diese, war mit Wodka getauft und bewegte sich auf den Wellen des Wässerchens. Ich kann mich an kaum eine Begegnung erinnern, bei der nicht getrunken wurde. Ohne Toasts auf die deutsch-sowjetische Freundschaft ging es nicht. Allerdings waren Grund und Gegenstand solcher Begegnungen unerheblich, die sowjetischen Genossen brauchten keinen Anlass, um sich den Kartoffelschnaps hinter die Binde zu gießen. Es hieß, dass sei halt Sitte und Tradition. Was wollte man dagegen vorbringen?

Einmal war ich mit Günter Bohnsack zu einer Messe nach Budapest kommandiert, auf der Vertreter aller befreundeten Nachrichtendienste präsent waren. Gemeinsam traf man sich an jedem Abend zur Auswertung, die naturgemäß in einem Besäufnis endete. Das alles aber war nichts gegen die Abschlusssitzung, zu der die ungarischen Kollegen eingeladen und ein Abschiedsessen spendiert hatten. Dann sollte jeder eine Rede halten, auf Russisch natürlich, denn das war die Sprache, die fast jeder mehr oder minder beherrschte, und bekanntlich steigt die Sprach- und Verständigungsfähigkeit analog mit dem Alkoholpegel. Ich war allerdings noch nicht betrunken genug, um der Aufforderung nachzukommen. Nicht so Günter Bohnsack, der meine Rolle übernahm, auf den Tisch stieg und eine fulminante Ansprache hielt, in der wiederholt die Vokabeln Мир, нерушимая дружба, империализм, классовый враг, победа социализма, товарищества, братства, слава КПСС и СЕПГ vorkamen. Seine Rede wurde von allen mit Beifall und Zustimmung aufgenommen. Nachdem man dem ein wenig beleibten Bohnsack vom Tisch geholfen hatte, wurde er gedrückt und geküsst, von ausnahmslos allen, denn der Wodka hatte alle Gräben geflutet und sie faktisch unsichtbar gemacht.

Am nächsten Tag ging es heimwärts. Im Flugzeug kreiste eine Flasche Black & White, und als wir in Schönefeld in Fietes Auto fielen, waren wir bester Stimmung. Bohnsacks und meine Wohnung im Prenzlauer Berg lagen nicht weit auseinander. Zuerst fuhren wir zu meiner Adresse. Vor dem Eingang blockierte ein dunkler Volvo den Platz, was ich für eine Unverschämtheit hielt. Ich stieg aus und klopfte an die Fahrerscheibe. Der Chauffeur warf mir einen Blick zu, der alles verriet: Obwohl der Mann von unten schaute, kam sein Blick von ziemlich oben herab. Ich sagte, er solle sich einen anderen Parkplatz suchen, dieser hier sei der meinige. Ich meinte, die Aufforderungen einigermaßen freundlich formuliert zu haben, doch der Kerl blieb stur. Er ließ die Scheibe nach oben fahren und schaute ungerührt geradeaus. Ich hämmerte aufs Dach, als jemand die Straße herunterkam und mich ermahnte, ich solle das gefälligst sein lassen. Dann stieg er ein, der Volvo rauschte davon.

Ich nahm meinen Koffer aus Fietes Wagen und stieg die Treppen hinauf.

Am anderen Tag mussten wir beide bei Wagenbreth antanzen. Zunächst lobte er Bohnsack für seinen beachtlichen Auftritt in Budapest, der ihm bereits gemeldet worden war. Er habe, so anerkennend der Abteilungsleiter, einen bedeutenden Beitrag zur Festigung der Kampfgemeinschaft der Aufklärer geleistet.

Und dann ging er nahtlos zum Anschiss über. »Wer von euch Hornochsen hat sich gestern mit Dickels Stellvertreter angelegt?«

Aha, das war gestern ein stellvertretender Innenminister, der vor meiner Tür geparkt hatte.

Ich meldete mich. »Das wussten wir nicht, dass es …«

»Mensch, wie viele Volvos fahren hier herum? Warst du besoffen? Der hat sich Fietes Kfz-Nummer gemerkt und sich auf dem großen Dienstweg beschwert. Er wird gejubelt haben, als er in seiner Registratur festgestellt hat, für wen Fiete fährt. Und wer von uns in der Dänenstraße wohnt, war auch unschwer festzustellen. Du weißt ganz genau, dass einige die Aufklärung auf dem Zettel haben und nur auf solche Anlässe warten, um uns ein Ding zu machen.« Wagenbreth war sichtlich wütend. »Der hat eure Bestrafung und eine offizielle Entschuldigung der HVA verlangt.«

»Vielleicht noch unsere öffentliche Erschießung in der Mauerstraße, was?« Hatte der Genosse Minister noch alle Kugeln am Baum? »Ja, wir haben Scheiße gebaut, aber wir wollen mal schön die Kirche im Dorf lassen. Ich habe in meiner Dämlichkeit einen Volvo-Fahrer belöffelt, ohne zu wissen, wen er fährt. Mehr war da nicht.« Hier wurde eine Mücke zum Elefanten aufgeblasen und ein eitler Wichtigtuer, nämlich dieser Vize-Minister, suchte Befriedigung darin, kleinen Wichten wie uns zu zeigen, wer hier die Hosen anhatte.

»Wenn die Sache intern geblieben wäre, hätten wir noch was drehen können«, sagte Wagenbreth, »aber jetzt kann ich nichts mehr für euch machen. Der hat euch bei der Heiligen Inquisition, der Abteilung Kader und Schulung, verpetzt.«

Es folgte das in solchen Fällen übliche Procedere auf der staatlichen und auf der Parteiebene. Schriftliche Stellungnahme, Verweis und Streichung aller Auslands-Treffs in nächster Zeit – und Parteiversammlung, Selbstkritik und scharfe Kritik in der Grundorganisation der SED …

In der letzten Oktoberwoche des Jahres 1973 fand in Moskau der »Weltkongress der Friedenskräfte« statt. An der einwöchigen Zusammenkunft von etwa 3200 Delegierten aus 144 Ländern nahm auch eine Abordnung der DDR teil, an deren Spitze das Politbüromitglied Albert Norden stand. Ich war der Delegation offiziell zugeteilt und firmierte intern als »Leiter der Operativgruppe«, offiziell gehörte ich als Journalist zum Pressetross. Unsere Spionageabwehr, die Hauptabteilung II, unterhielt in Moskau eine ständige Außenstelle, von ihr bekam ich ein Auto zugeteilt, damit ich mobil in Moskau sein könnte. Ihr war ich auch dienstlich unterstellt. Eine Reihe von mir geführter IM – Journalisten, Wissenschaftler und ein Künstler – war ohne mein Zutun in die 53-köpfige Delegation gekommen, das war jedoch kein Zufall: Es handelte sich um qualifizierte, engagierte Leute, weshalb sie auf die Liste gesetzt worden waren.

Meine Mission war die übliche: mit Hilfe meiner mitgereisten IM die DDR-Delegation zu sichern, d. h.

Der Generalsekretär des ZK der KPdSU am Rednerpult des »Weltkongresses der Friedenskräfte« in Moskau. Hinter Leonid Breshnew Albert Norden, der die 53-köpfige Abordnung aus der DDR leitete

mögliche Provokationen oder Abwerbungsversuche zu verhindern, denn westliche Dienste waren ebenfalls vor Ort. Und zweitens sollten wir inhaltlichen Einfluss nehmen auf Wortmeldungen von DDR-Vertretern, drittens

Informationen sammeln und viertens Kontakte entwickeln. Ausdrücklich verboten war aktive Spionage und Werbung von Quellen.

Das Plenum fand im Kongresssaal des Kremls statt. Die Eröffnungssitzung am 25. Oktober, einem Donnerstag, erhielt die höchsten Weihen durch die Anwesenheit von Parteichef Leonid Breshnew, dem Staatsoberhaupt Nikolai Podgorny und Ministerpräsident Alexej Kossygin, was natürlich Wasser auf die westlichen Propagandamühlen war. Die hielten die Weltfriedensbewegung ohnehin für eine von Moskau gesteuerte Truppe, für manchen Kalten Krieger war es die Fünfte Kolonne Moskaus, die in den »Ländern der Demokratie« subversive Wühlarbeit verrichtete. Dass jede politische Bewegung ein organisierendes Zentrum benötigte, zumal eine global tätige wie die Weltfriedensbewegung, war jedem logisch denkenden Menschen bewusst. Nichts geschah im Selbstlauf, und mit Idealismus allein bekam man keine Transparente, Zeitungen, Anzeigen oder Flugtickets und Hotelbetten bezahlt. Was war außerdem daran zu kritisieren, wenn weltweit Millionen Menschen für Frieden und Abrüstung auf die Straße gingen und regelmäßig eine Heerschau abhielten? Dieses Völkerforum war nichts anderes als eine selbstbewusste Musterung und Demonstration der eigenen Stärke.

Es gab genügend Anlässe, sich gemeinschaftlich zu artikulieren. Der Krieg in Vietnam war noch immer nicht beendet. Der Nahost-Konflikt schien wieder einmal völlig aus dem Ruder zu laufen. In Chile hatten am 11. September faschistische Militärs mit Hilfe der CIA die demokratisch gewählte Regierung unter Präsident Allende gestürzt und damit begonnen, wie der oberste Putschist Pinochet zynisch erklärte, die Demokratie in

Blut zu baden … Diese aktuellen Ereignisse lieferten gleichsam den Kommentar für die Notwendigkeit dieser Bewegung und dieses Kongresses.

Neben den Sitzungen im großen Saal gab es viele Arbeitskreise, in 14 Kommissionen wurde diskutiert, es erfolgten Besuche in Betrieben, bilaterale Gespräche, Kulturveranstaltungen und dergleichen mehr. Die Diskussionen fanden kein Ende, wir redeten auch noch abends im Hotel im Stadtzentrum, in welchem wir und andere Delegationen untergebracht worden waren. Die Gespräche waren nicht nur aus nachrichtendienstlicher Sicht sehr anregend und nützlich. Ich selbst, der ich doch aus der »größten DDR der Welt« kam und über ein entsprechendes Selbstbewusstsein verfügte, gelangte zu der ernüchternden Erkenntnis, dass wir doch nur ein kleines Land neben vielen anderen, größeren und bedeutenderen Staaten waren. Nüchtern betrachtet waren wir ohne die Sowjetunion nichts. Diese neue Perspektive, diese veränderte Weltsicht nahm nichts von meiner politischen Überzeugung, sorgte aber für mehr Bescheidenheit und Demut in meinem Denken.

Und natürlich faszinierte mich auch, die Politgrößen der Sowjetunion zu beobachten, die ja Weltpolitik betrieben. Ich saß vielleicht zwanzig Meter entfernt von der Ehrentribüne, wo stets mindestens einer der drei wichtigsten Persönlichkeiten demonstrativ präsidierte und aufmerksam die Reden verfolgte. Einmal beobachtete ich, wie Podgorny – als Vorsitzender des Präsidium des Obersten Sowjets der UdSSR etwa mit unserem Staatsratsvorsitzenden vergleichbar – ein Zettel gereicht wurde. Er studierte ihn ruhig, begann dann aber erregt zu gestikulieren und auf die Umstehenden einzureden, um schließlich mit sichtlich rot angelaufenem Kopf die

Loge zu verlassen. Was war da Dramatisches passiert? Die Nachricht vom Tod des 91-jährigen legendären Reitergenerals Budjonny, welcher am zweiten Kongresstag verstarb, wird es vermutlich nicht gewesen sein. War es die Mitteilung über die Zuspitzung des Jom-Kippur-Krieges? Der UN-Sicherheitsrat hatte kurz vor Beginn des Weltfriedenskongresses zu einem Waffenstillstand aufgerufen, der ohne Echo blieb. Die Sowjetunion flog weiter Panzer T 62, Flugabwehrraketen und Munition nach Ägypten, worauf der US-Verteidigungsminister am 25. Oktober »Defcon 3« auslöste, was die Alarmierung der Atomstreitkräfte und der US-Truppen in der Bundesrepublik bedeutete, welche Position an der Grenze zur DDR und zur ČSSR bezogen. US-Präsident Nixon behauptete, man habe »die schwerste Krise seit Kuba« 1962. Das war reiner Propagandakrieg und Grund genug, wütend zu werden. Washington beendete nach 24 Stunden die Alarmbereitschaft, nachdem Moskau über das rote Telefon mitgeteilt hatte, dass nie die Absicht bestanden habe und unverändert nicht bestehe, im Nahost-Konflikt militärisch zu intervenieren. Tatsache jedoch bleibt, dass die großen Verluste der israelischen Luftwaffe auf den Einsatz sowjetischer Flugabwehrraketen zurückzuführen war, was zu einer Traumatisierung der israelischen Öffentlichkeit führen sollte: Die hielt nämlich ihre Armee für unbesiegbar, der Nimbus war verflogen. Ministerpräsidentin Golda Meir musste daraufhin ihren Hut nehmen …

Aber nicht nur auf großer Bühne wurde Weltpolitik betrieben, sondern auch in Seitenstraßen außerhalb des Kongresszentrums. Ich erhielt an einem Abend kurzfristig den Auftrag, mit zwei inoffiziellen Mitarbeitern ein deutsch-deutsches Treffen abzusichern. Dieses war

Geheimer Unterhändler in Moskau 1973: Albert Norden

mehr oder minder konspirativ. Es handelte sich um den SPD-Politiker Hans-Jürgen Wischnewski, der aufgrund seiner Kenntnisse der arabischen Verhältnisse den Spitznamen »Ben Wisch« erhalten hatte. Die Bundesrepublik unterhielt, im Unterschied zur DDR, ein sehr distanziertes Verhältnis zu den Palästinensern. Als Staatsminister war er ständig in Sondermissionen im Auftrag von Kanzler Brandt unterwegs. Wischnewski engagierte sich nachhaltig für den Frieden im Nahen Osten und das Selbstbestimmungsrecht der Palästinenser. Sein plötzliches Auftauchen in Moskau hing vermutlich mit der aktuellen Situation zusammen. Sein Gesprächspartner war der 69-jährige Albert Norden, der der ranghöchste DDR-Vertreter auf dem Kongress war. Norden, Sohn eines Rabbiners, war einer der klügsten Köpfe in der

DDR-Führung und friedenspolitisch stark engagiert. Jedenfalls konferierten die beiden Spitzenpolitiker zwei Stunden miteinander, ohne dass wir sie zu Gesicht bekamen, geschweige denn hörten, worüber sie sprachen. Unsere Mission war erledigt, als die beiden in ihre Autos stiegen und davonfuhren.

Der Kongress endete nach einer Woche mit der Verabschiedung verschiedener Dokumente, darunter einer Erklärung zum Nahen Osten und einem Appell: »All jenen, denen der Friede teuer ist, rufen wir zu, dass Vernunft und Vertrauen in die Welt einziehen müssen. Sie können Wirklichkeit werden. Das hängt von einem jeden von uns ab.« Die nationalen und internationalen Organisationen müssten ihre Bemühungen koordinieren und die Weltmeinung als ein wirksames Instrument für den Frieden mobilisieren.

Im Anschluss daran gab es für alle Delegierten einen festlichen Empfang im Kremlpalast. Das ganze Haus war offen, in der Etage über dem Saal war eingedeckt, dass sich die Tische bogen. Überall flanierten, standen, saßen oder hockten in oft bunten, exotischen Gewändern die internationalen Friedenskämpfer. Man hatte auch Abordnungen aus verschiedenen Sowjetrepubliken hinzugebeten, und es gab Auftritte von Kulturgruppen. Es herrschte ein babylonisches Sprachgewirr, und dennoch verstanden sich die vielen Menschen. Es war fantastisch, wir waren Eine Welt. Ich zog mit vier meiner Inoffiziellen durch die Räume und Säle und erfreute mich an diesem lebhaften Gewusel. In einem Saal wurde zum Tanz aufgespielt, in der Mitte des Parketts bewegte sich eine Frau, um die viel freier Raum war. »Das ist Walentina Tereschkowa«, sagte einer meiner Begleiter, »die Kosmonautin«.

An die Fliegerkosmonautin Walentina (»Walja«) Tereschkowa trauten sich üblicherweise nur Staats- und Parteichefs. Horst Kopp wagte 1973 mit ihr ein Tänzchen. Davon existiert aber keine Aufnahme

Tatsächlich, die Mittdreißigerin, die zum Tanz aufzufordern offenbar sich kaum jemand traute – inzwischen war sie auch ZK-Mitglied und Vorsitzende des Frauenkomitees der UdSSR – wirkte erkennbar verloren. Wenn ich stocknüchtern gewesen wäre, hätte ich mich auch nicht getraut, aber nach etwas Wodka war ich mutig genug, mir einen Weg in die Mitte des Saales zu bahnen, einen Diener zu machen und mit ein paar russischen Brocken die Fliegerkosmonautin um einen Tanz zu bitten. Sie lächelte, legte mir ganz klassisch ihre Hand auf meine rechte Schulter und griff meine Linke, und schon drehten wir übers Parkett. Auseinandertanzen war noch nicht üblich. Ich schwebte im Orbit wie Walja vor zehn Jahren und war für den Moment der glücklichste Mensch weit und breit. Allerdings hielt die Hochstimmung nicht lange an, denn andere Friedensfreunde – inzwischen durch mich ermutigt – drängten in unsere Nähe. Sie beherrschten die Technik des Abklatschens, also musste ich meine Kosmonautin loslassen und hergeben. Sie gehörte eben nicht nur einem, sondern der ganzen Welt.

Was bedeutete der Orden, der mir nach unserer Rückkehr in Berlin für die gute Arbeit der Aufklärung in Moskau an die Brust geheftet worden war, im Vergleich mit diesem einen Tanz?

Walraff, Rowohlt und andere

Einer der an die Adresse des MfS gerichteten Vorwürfe lautet, es habe mit Nazis kooperiert, womit man den Anschein erwecken möchte, als besäße nicht nur der Bundesnachrichtendienst, der Verfassungsschutz, das Bundeskriminalamt und der Militärische Abschirmdienst braune Wurzeln. Ja, es trifft zu: Hin und wieder arbeiteten wir mit ehemaligen Nazis zusammen. Aber nicht, um deren krude Weltsicht zu konservieren und sie vor strafrechtlicher Verfolgung zu schützen. Wer Dreck am Stecken hatte, war für uns kein Partner.

Aber auch unter den ehemaligen Nazis wurde mancher Saulus zum Paulus, und das Recht auf Ein- und Umkehr musste auch solchen Personen zugestanden werden. Willi Rudolf Schelkmann war beim faschistischen Nachrichtendienst und trug die Uniform der Waffen-SS, doch Krieg und Nachkrieg schienen ihn geläutert zu haben. Er war ein sogenannter Selbststeller. Anfang der 60er Jahre nahm Wagenbreth ihn unter seine Fittiche. Als er die Leitung der Abteilung X antrat, übergab er mir den IM »Goldring« (nach mir sollte Schelkmann noch als IM »Karstädt« und IM »6004« geführt werden). Rudi Schelkmann lieferte uns wertvolle Informationen über seine »alten Kameraden«, er verfügte über sehr gute Kenntnisse aus dem Reichssicherheitshauptamt, der Waffen-SS und der NSDAP, die unseren Ermittlungsorganen beim Aufspüren von Nazi- und Kriegsverbrechern sehr halfen. Ich kam mit dem inzwischen als Journalist tätigen Schelkmann sehr gut klar, es stimmte die Chemie. Er trug schwer an seiner Vergangenheit, und sein Bemühen war echt, etwas von dieser Schuld abzutragen. Er hatte zwar niemanden ermordet oder ans Messer geliefert, aber allein die Zugehörigkeit zu einer in Nürnberg als verbrecherisch eingestuften Organisation machte ihn objektiv zum Mitschuldigen.

Schelkmann lebte in Köln und war Mitglied der FDP. Er verfügte über gute Kontakte nach Bonn und schöpfte Bundestagsabgeordnete wie Gerhart Rudolf Baum (FDP) oder Friedrich Zimmermann (CSU) für uns ab. Wagenbreth hatte ihn 1964 noch inspiriert, unter die Verleger zu gehen. Seither gab Schelkmann alle zwei Wochen das Periodikum *X-Information* heraus. Das exklusive Blatt (Auflage zwischen 500 und 1000) wandte sich vornehmlich an FDP-Mitglieder und enthielt viele Beiträge, die wir selber geschrieben hatten oder die Schelkmann auf Basis der von uns gelieferten Informationen verfasste. Über diesen Kanal, auch wenn er vergleichsweise klein war, lancierten wir uns wichtige Informationen in die politische Klasse der Bundesrepublik.

Als die sozialliberale Koalition in Bonn die Regierung übernahm, wurde Schelkmann zunächst Berater des Auswärtigen Amtes, dann sogar Mitarbeiter des Bundespresseamtes. Für mich wie für uns ein geradezu idealer Posten. Auf diesem Wege vermochten wir, politische Positionen der DDR in Bonner Papieren unterzubringen. Als Schelkmann nach der Guillaume-Affäre aber ins Visier der Ermittler geriet, zog ihn Wagenbreth vorsichtshalber aus der Bundesrepublik ab. Er bekam 1975 für sich, seine Frau und die beiden Kinder in Glienicke bei Berlin ein kleines Häuschen und bestritt fortan seinen Lebensunterhalt als hauptamtlicher inoffizieller Mitarbeiter (HIM), indem er u. a. als vermeintlich westdeutsches FDP-Mitglied Beiträge zur innenpolitischen Situation verfasste, die wir über unsere Verbindungen in BRD-Zeitungen unterbrachten. Das waren, wie später denunziatorisch behauptet wurde, keine Lügen, mit der die westdeutsche Öffentlichkeit in die Irre geführt wurde. Es handelte sich um tatsächliche Sachverhalte und um nachprüfbare Fakten, die aber von den westdeutschen Medien verschwiegen oder nicht wahrgenommen wurden. Wir lenkten mit lancierten Meldungen und Beiträgen das öffentliche Interesse auf Vorgänge oder Personen, die nach unserer Überzeugung Aufmerksamkeit verdienten. Wir beugten nicht die Wahrheit, sondern machten sie publik.

Schelkmann verstarb 1992 und wäre ohne die Rosenholz-Dateien nie enttarnt worden.

Dass es westdeutsche Medien mit der Wahrheit nicht genau nahmen, kann an dem Beispiel Günter Walraff belegt werden. Sein »Fall« war durchaus exemplarisch. Der mit verschiedenen Enthüllungsberichten und -büchern bekannt gewordene Kölner Journalist suchte in den 60er Jahren, wie viele seiner Kollegen, die Dokumentationsstelle des MdI auf, welche von dem bereits erwähnten Ludwig Nestler geleitet wurde. Walraff suchte nach Akten, die den bis dahin unbehelligt in der Bundesrepublik lebenden Dr. Ludwig Hahn belasteten. Er wurde mit unserer Hilfe fündig. Hahn war SS-Standartenführer, Regierungsdirektor, Leiter der Staatspolizeistelle Weimar, Führer des Einsatzkommandos 1 der Einsatzgruppe I in Polen und als Kommandeur der Sicherheitspolizei und des SD in Krakau sowie Warschau mitverantwortlich für die endgültige Räumung des Warschauer Ghettos 1943. Walraff schrieb 1969 darüber, drei Jahre später wurde Hahn in Hamburg wegen »Beihilfe zum Mord an mindestens 100 Polen« angeklagt. (Im Vorfeld dieses Verfahrens war man auf einen der Ghetto-Mörder namens Josef Blösche gestoßen, der in der DDR zum Tode verurteilt und hingerichtet worden war.)

Heinz Dornberger, Mitarbeiternummer 535, erhielt nach Besichtigung einer von Nestler gelieferten Besucherliste von Referatsleiter Rolf Rabe den verbindlichen Auftrag, Günter Walraff anzuwerben. Dornberger war aus der Bezirksverwaltung Gera zu uns gestoßen. Er war ehrgeizig, ein wenig kleinkariert, ziemlich steif und hölzern. Ihn schickte Rabe in die Spur, denn Dornberger war verlässlich bis zur Selbstaufgabe – wäre ich gemein, was ich nicht bin, würde ich sagen: Er war ein Feigling. Und das mit aller Konsequenz: Als ich 1985 aus der Abteilung mit Aplomp ausscheiden musste und wir uns zufällig auf der Straße begegneten, wechselte er die Seite, um nicht mit mir gesehen zu werden.

Dornberger trat auf Walraff, als dieser in der DDR war, wiederholt direkt zu. Und zwar als Vertreter des »Pressezentrums des Ministerrates der DDR« – einer Institution, die es überhaupt nicht gab. Walraff ließ ihn abblitzen. Daraufhin wurde ein IM nach Köln entsandt, was sich auch als Reinfall erwies. Der Mann hatte einzig vor, seinen Vater zu besuchen, welcher kurz zuvor aus der DDR ausgereist war. Es fand kein Treffen mit Walraff statt. Oder doch? Es war ziemlich undurchsichtig. Der IM wurde vom Vorgang abgezogen.

Dann setzte man den Kulturchef der *Ostseezeitung* in die Spur. Der hatte Walraff bereits 1968 bei einer Lesung im Rostocker Volkstheater kennengelernt. Der Mann war ein IM von Bohnsack. Er sollte nun, nach Jahren, die Verbindung mit Walraff reaktivieren. Dieser war an einem Interview nur mäßig interessiert und schlug dem Rostocker Kollegen vor, man könne sich ja auf halbem Wege treffen: Er reise zum Jahreswechsel nach Schweden und mache in Kopenhagen Station, dort könne man sich sehen. Die Begegnung fand tatsächlich statt – was aber beide nicht wussten: unter den Augen und den Mikrofonen des Verfassungsschutzes. Der suchte nach RAF-Sympathisanten und hatte darum Walraff im Visier. Beide wurden mit Hilfe der dänischen Polizei verhaftet und vernommen. Der harmlose Kulturredakteur aus der DDR wurde abgeschoben und Walraff auf freien Fuß gesetzt. Das Ganze endete also wie das Hornberger Schießen und war für Walraff hinlängliches Motiv – den RAF-Hintergrund hatte man ihm verschwiegen, weshalb er andere Mutmaßungen anstellte –, künftig jeden Kontakt mit vermeintlichen oder tatsächlichen DDR-Journalisten zu meiden.

Was er ebenfalls nicht wusste: Der eifrig-ehrgeizige »Herr Gebhardt« alias Heinz Dornberger, mit dem er sich 1968 einige Male im Journalistenklub in der Friedrichstraße während seiner Recherchen traf, hatte gegenüber Rabe und Wagenbreth die erfolgreiche Werbung Walraffs erklärt, ihn in die F16-Datei eingetragen und eine IM-Akte angelegt. In die hinein packte er in den folgenden Jahren alles, was man in der Presse über Walraff lesen konnte, und einen von ihm selbst verfassten

Der Journalist, Übersetzer und Schauspieler Harry Rowohlt sollte als IM angeworben werden. Die Sache ging gründlich in die Hose

Auskunftsbericht. Dieses Papier ging im Zusammenhang mit der Biermann-Affäre an die Abwehr. Mielke nahm an, dass Walraff »unser Mann« sei und wünschte, dass man ihn ins Spiel bringen sollte. Was natürlich unterblieb. Wagenbreth und Rabe deckten aus Gründen des Selbstschutzes den hyperaktiven Dornberger.

Nicht nur, dass dessen Auskunftsbericht respektive Akte nach 1990 auftauchte und Walraff sofort von seinen Kollegen an den Hinrichtungspranger gestellt wurde, der glücklose IM aus Rostock behauptete überdies am 13. Februar 1992 in einer Boulevard-Zeitung wichtigtuerisch, er sei Walraffs »erster Stasi-Instrukteur« gewesen. Das war zwar ein Witz, aber trotzdem tauglich als Rufmord. Der arbeitslose Dornberger, der zwischenzeitlich vom BKA vernommen worden war, wurde von Journalisten bedrängt, und obwohl er das in Aussicht gestellte Honorar hätte gebrauchen können, schlug er ihnen die Tür vor der Nase zu. Das führte zu der gedichteten Schlagzeile: »Sein Führungsoffizier – Ich verrate ihn nicht!« Diese Botschaft insinuierte genau das, was die hysterischen Medien unterstellten: Walraff war IM, denn er hatte schließlich einen Führungsoffizier gehabt. Der ganze unappetitliche Vorgang beschäftigte die Gerichte mehrere Jahre, am Ende kam heraus, dass nichts an der Geschichte dran war. Das hätte ihnen jeder anständige Mitarbeiter in der X auch vorher bestätigen können – wenn man ihnen denn geglaubt hätte. Was man natürlich nicht tat.

Ähnlich erfolglos wie im Falle Walraff war unser Versuch, das Multitalent Harry Rowohlt – Sohn des Hamburger Verlegers Ernst Rowohlt – als Informanten zu gewinnen. Die Witwe Martha Engel, KZ-Überlebende, Kommunistin und beste Freundin von Lotte Ulbricht, wohnte in der Frankfurter Allee, an der großen Kreuzung von Warschauer Straße und Karl-Marx-Allee. Martha kannte den alten Rowohlt und andere Prominente aus West und Ost, was mit ihrer bewegten Biografie zusammenhing und mir ihrer Arbeit: Sie stellte Postkarten her. Viele Leute aus dem Westen suchten sie auch auf, wenn sie ein Bewerbchen hatten – über ihre Verbindung zu Lotte Ulbricht hatte Martha einen Draht nach »oben« und beispielsweise über mich auch einen zur Staatssicherheit. Martha, bereits im vorgerückten Alter, mochte mich, und ich mochte sie. Sie war wie eine Ersatzmutter für mich. Deshalb lud sie mich gelegentlich ein, wenn sich interessante Leute angesagt hatten. Einmal meinte sie, dass morgen der Sohn eines ihrer Freunde käme, der Harry. Mit dem könne ich mich gewiss gut unterhalten. Der sei auch Journalist, singe und lese und könne Stimmen imitieren, ein lustiger Kauz und kluger Kopf. Und einen Bart habe der wie Marx. »Wirst sehen, ihr werdet euch trefflich unterhalten.«

So war es denn auch. Martha stellte mich als Mitarbeiter des Presseamtes vor. Wir hatten einen vergnüglichen Abend, und der Mann mit dem Rauschebart erzählte von seiner Frau Ulla, die in Westberlin in der Kantstraße einen Laden führe, wo man billig Bücher und Schallplatten bekäme. Zweitausendundeins heiße der Laden. Der gehörte zu einer Kette, die Ende der 60er Jahre von linken Leuten in Frankfurt am Main als Alternative zum konventionellen Buchhandel gegründet worden war. Ich fand das spannend und nahm erfreut zur Kenntnis, dass er beim nächsten Mal die Ulla mitbringen werde.

Am folgenden Tag schwärmte ich bei Wagenbreth von diesem Mann, der mich wirklich beeindruckt hatte, was den Chef zu der Bemerkung veranlasste: »Rolf«, und damit meinte er Referatsleiter Rabe, »beim nächsten Mal gehste mit«.

Der Rauschebart hatte tatsächlich seine hübsche Frau im Gefolge und in der Tasche eine große Flasche Doornkaat, einen dreifach gebrannten Korn aus dem Norden. Dem Hochprozentigen sprachen Harry Rowohlt und Rolf Rabe kräftig zu. Ich trank aus Prinzip nicht und weil ich mit dem Wartburg gekommen war. Martha verwies auf ihr vorgerücktes Alter. Ich unterhielt mich angeregt mit Ulla, beiläufig ließ sie fallen, dass ihr Bruder bei der Luftwaffe sei. Der ziemlich angetüterte Rabe – der mich erstaunte, weil er sonst nur Kaffee trank –, hörte nur »Luftwaffe« und quakte, das sei ja sehr interessant, den solle sie mal mitbringen, damit man sich unterhalten könne. Dabei blinzelte er verschwörerisch über das Schnapsglas. Rabe wurde immer redseliger und verhedderte sich zunehmend in seinen Legenden, so dass jeder am Tisch mitbekam, womit er üblicherweise beschäftigt war. Die rasch folgende Verabschiedung war merklich kühl, nur der angetrunkene Rabe war aufgekratzt, als hätte er einen Fisch an der Angel und diesen bereits an Land gezogen.

Martha informierte mich Tage später, dass Harry am Telefon gesagt habe, dass er, wenn er sie wieder einmal besuchen würde, ohne Ulla käme und nicht wieder solche Vögel wie beim letzten Mal anzutreffen wünsche.

Mein Verhältnis zu Martha hatte nicht gelitten, aber sie kleidete den Vorwurf in den Satz: »Horst, wenn ihr viele solcher Leute bei euch habt, kann es mit uns nichts werden.« Womit sie gewiss nicht nur das Ministerium gemeint hatte.

Der 2015 verstorbene Harry Rowohlt erzählte drei Jahre zuvor in einem launigen Interview mit dem *Freitag* von dieser misslichen Begegnung. Allerdings muss ihn dabei die Erinnerungen getäuscht haben. Auf Jakob Augsteins Frage, ob er IM gewesen sei, antwortete er: »Ich war fast so lange Stasi-IM, wie ich auch studiert habe. Nämlich ungefähr 2,5 Stunden. Meine Frau und ich haben mal unsere Freundin Martha Engel in Ost-Berlin besucht. Mit einer Sonderaufenthaltsgenehmigung sind wir dann aufs Land gefahren. Horst und Manfred, so hießen die, sind ganz lange mit mir im Wald spazieren gegangen, weil man da nicht abgehört werden kann. Ich wusste zunächst nicht, was die von mir wollten. Als ich es dann geschnallt hatte, war ich so Feuer und Flamme, dass sie mich gleich wieder abgeschaltet haben.«

Das war wie eine »Anfrage an den Sender Jerewan«: Im Prinzip ja. Manfred hieß Rolf, und im Wald waren wir nie. Aber sonst stimmte alles, vor allem, dass wir uns sympathisch waren und er kein IM geworden ist.

Madrid und andere Baustellen

Die seit Anbeginn ihrer Existenz verfolgte Außenpolitik der Sowjetunion war auf die Schaffung eines Systems kollektiver Sicherheit gerichtet. Moskau war damit in den 30er Jahren am Widerstand Großbritanniens und Frankreichs gescheitert, was verhängnisvolle Folgen hatte. Und am Ende des Zweiten Weltkrieges zerbrach die Anti-Hitler-Koalition und begann der Kalte Krieg, was zur Gründung zweier bald bis an die Zähne bewaffneter Militärpakte führte. In den 60er Jahren war der atomare Vorsprung der USA dahin, die UdSSR hatte durch enorme Anstrengungen – wofür in der DDR nicht zuletzt die Wismut-Kumpel einen beachtlichen Teil leisteten – ein atomares Patt erreicht. Dieses militärstrategische Gleichgewicht der beiden Führungsmächte der NATO und des Warschauer Vertrages führte zu grundsätzlichen neuen Überlegungen. Frieden war nicht mehr *gegen* den anderen zu erzwingen, sondern nur noch gemeinsam zu erringen. Alles andere würde in einer nuklearen Katastrophe enden. Wer als Erster schießt, stirbt als Zweiter, lautete die richtige und folgenreiche Erkenntnis.

Am 5. Juli 1966 verabschiedete der Politisch Beratende Ausschuss, das Führungsgremium des Warschauer Vertrages, in Bukarest eine Deklaration, in der die Einberufung einer europäischen Konferenz für Sicherheit und Zusammenarbeit vorgeschlagen wurde. Ziel der Konferenz sollte sein, »die Prinzipien der Beziehungen zwischen den Staaten Europas in einer gemeinsamen Deklaration zu formulieren und den Weg zur Schaffung eines Systems der Kollektiven Sicherheit zu öffnen«.

Frühere Anläufe der Sowjetunion – etwa 1955 auf der Genfer Konferenz der Regierungschefs der vier Siegermächte und auf Außenministertreffen 1955 und 1958 – waren abgewiesen worden. Inzwischen aber hatte ein Umdenken bei den Großmächten begonnen. Dazu trug im Übrigen auch der Berliner Mauerbau 1961 bei, wie etwa der BRD-Diplomat Hans-Heinrich Wrede Jahrzehnte später formulierte: »Der Mauerbau war ein trauriger Höhepunkt des Kalten Krieges. Doch zugleich war er auch ein Wendepunkt, denn er hat ein Umdenken in der Frage eingeleitet, wie die West-Ost-Beziehungen insgesamt und wie die deutsche Frage künftig konzeptionell und praktisch zu behandeln seien.« Der konspirativ vollzogene Mauerbau markierte damit sichtbar das Scheitern der westlichen Politik der Stärke.

Nach jener Aufforderung in Bukarest im Sommer 1966 begannen intensive Verhandlungen, an deren Ende neun Jahre später eine von 33 europäischen Staats- und Parteichefs sowie dem Präsidenten der USA und dem kanadischen Regierungschef unterzeichnete Schlussakte stand. »Der Prozess schuf ein neues Bewusstsein, dass Stabilität nur gesamteuropäisch zu erreichen sei«, schrieb der SPD-Sicherheitsexperte Egon Bahr 1996 in einem Text der edition ost.

Als im Sommer 1975 Honecker und die anderen Politgrößen in der Finlandia-Halle ihren Namen unter die Schlussakte setzten, verteidigten Bohnsack und ich gerade unsere Diplomarbeit als Staatswissenschaftler an der Akademie für Staat und Recht in Potsdam-Babelsberg. Fünf Jahre anstrengendes Fernstudium, fünf Jahre Doppelbelastung gingen endlich zu Ende.

Auch der Auslandsaufklärung der DDR war klar, dass die in jahrelangen Verhandlungen zustandegekommene Vereinbarung Konsequenzen für unsere Arbeit haben würde. Natürlich glaubte keiner daran, dass die westlichen Dienste nach Helsinki ihre Tätigkeit gegen uns einstellen würden.

Dieser Illusion gab sich niemand hin, keiner war derart naiv zu glauben, dass der Klassenkampf sich nunmehr erledigen würde. Zumal unmittelbar nach der Unterzeichnung der Schlussakte deutlich wurde, dass der Westen die bürgerlichen Freiheiten und die Menschenrechte zum Kernpunkt der zehn fixierten Prinzipien machen würde. Es begann der Streit um die Interpretation des Dokuments. Bei uns im Hause wurde die Parole ausgegeben: Der ideologische Kampf wird härter und schärfer.

Der in der Folgezeit nicht nur von Diplomaten beschworene »Geist von Helsinki« sollte künftig vorrangig vom Westen unterlaufen werden, indem einzelne Elemente der Schlussakte ihres Zusammenhangs entledigt oder willkürlich und einseitig ausgelegt wurden. Aber wir waren keine Diplomaten, keine Politiker, sondern Geheimdienstler, die – neben manch anderem – die Tätigkeit unserer Diplomaten und Unterhändler sichern sollten. So geschah es, dass ich 1980 zu einer Nachfolgekonferenz in Madrid abkommandiert wurde.

1978 war die erste KSZE-Nachfolgekonferenz in Belgrad nach zwanzig Verhandlungswochen nahezu gescheitert. Die Abgesandten der 35 Teilnehmerstaaten wollten über die bessere Handhabung der Schlussakte von Helsinki sprechen und den nächsten Konferenztermin festlegen. Doch der Westen wollte nur über »Korb III« und die Verletzung der Menschenrechte im Osten reden. Das lag auch an der Veränderung der Großwetterlage. In den USA amtierte seit 1976 Jimmy Carter als Präsident; nach der Niederlage der USA in Vietnam versuchte er, das ramponierte Image seines Landes mit einem global geführten Kampf für die Menschenrechte aufzupolieren. Damit begann eine neue Periode der Ideologisierung der US-amerikanischen Außenpolitik. Die Hardliner warfen zudem seinem Vorgänger Ford vor, man habe in Helsinki den Sowjets zu viele Zugeständnisse gemacht. Das sollte nun vom Weißen Haus korrigiert werden. Alt-Bundeskanzler Helmut Schmidt schrieb später: »Das legitime Verlangen nach Verwirklichung der Menschenrechte war in den Händen Carters und Reagans (*US-Präsident von 1981 bis 1989 – H. K.*) zeitweilig zu einem Schlaginstrument verkommen. Man redete nicht mehr miteinander. Die Diplomatie war zum Teil herabgesunken zu einer mittels Fernsehen und Lautsprechern ausgetragenen gegenseitigen Beschimpfung.«

In diesem Klima nun sollte in Madrid über sicherheits- und vertrauensbildende Maßnahmen und Abrüstung in Europa beraten werden. Markus Wolf hatte festgelegt, dass ein Mitarbeiter der Abteilung X der DDR-Delegation an die Seite gestellt werden sollte. Wagenbreth diskutierte mit uns, die Entscheidung fiel am Ende zwischen Bohnsack und mir. Für Günter sprachen dessen zweifellos vorhandene journalistische Qualitäten,

Weil Günter Bohnsack 1976 als »Schwimmtrainer« der DDR-Olympiamannschaft angehört hatte, entschied die Zentrale, dass Horst Kopp 1980 nach Madrid fahren sollte außerdem beherrschte er die englische Sprache besser als ich, weshalb er bereits als »Schwimmtrainer« mit unserer Olympiamannschaft 1976 nach Montreal geflogen war. Meine Stärken hingegen lagen nachweislich in der praktischen operativen Arbeit: Ich war der bessere Spion.

Am Ende entschied man sich für mich.

Ich hatte mehrere Monate Zeit, mich auf diesen Einsatz in der spanischen Metropole vorzubereiten. Als Erstes musste ich mir eine glaubwürdige Legende zulegen. Das war die eines journalistischen Mitarbeiters im Presseamt des Ministerrates. Ich war nicht der Einzige aus unserem Hause, der an dieser »Maßnahme« beteiligt war. Soweit ich wusste, waren auch Mitarbeiter der Abteilungen III (zuständig für die legal abgedeckten Residenturen) und der VII (Auswertung und Analyse) involviert. Nicht unerwartet wurde ich für Madrid der Abteilung III unterstellt, die Horst Jänicke verantwortete, der ein Stellvertreter von Markus Wolf war.

Bereits in der Vorbereitungsphase war es wichtig, sich als Nobody unter der Legende einzuführen. Die wenigen DDR-Journalisten, die an solchen Treffen teilnahmen, waren erprobt. Sie kannten sich nicht nur untereinander, ihre Gesichter waren auch den Delegationsmitgliedern vertraut. Tauchten plötzlich fremde Personen auf, waren diese bereits enttarnt: Jeder DDR-Insider wusste, dass erstens der Name falsch war, unter dem er sich vorstellte, weil er zweitens nicht von der Dienststelle kam, die ihn angeblich geschickt hatte. Das klappte bei mir aber ganz gut, so war ich bald in die Madrid-Mannschaft integriert. Diese bestand aus etwa zwanzig Personen inklusive Dolmetscher, Sekretärinnen und »Journalisten«. Chef der Crew war Botschafter Peter Steglich, der bereits in Helsinki Sekretär der DDR-Delegation gewesen war. Wir sollten in Madrid fast anderthalb Jahre lang in unserem Quartier Bad und Toilette teilen. Unsere Zimmer in der DDR-Botschaft lagen nämlich nebeneinander. Die Vertretung befand sich im Norden Madrids in einer besseren Gegend. Nebenan gab es ein französisches Gymnasium und auf der anderen Straßenseite ein Gebäude, das der spanische Geheimdienst nutzte. Von dessen Dach wurde unsere Botschaft rund um die Uhr observiert, jeder, der das Haus betrat oder verließ, wurde fotografiert. Fuhren wir an arbeitsfreien Wochenenden mit einem der Renaults der Botschaft über Land, folgten sie uns in gebührendem Abstand. Machten wir Picknick, legten die Spanier ebenfalls eine Pause ein. Der Gartennachbar war ein faschistischer General, der dort seine gewiss nicht geringe Pension verzehrte, wie wir hörten, als wir am ersten Abend im Garten in lauer Luft am Pool ein Bier tranken. Berlin und die dortige Hektik waren weit weg. Allerdings: Jeden Wochenendausflug musste ich mir von der Zentrale in Berlin genehmigen lassen, und überschritt die geplante Reise 200 Kilometer, war sie für mich tabu. Ich musste mir dann immer eine Ausrede einfallen lassen, warum ich nicht mitfuhr.

Die offizielle Delegation flog von Berlin-Schönefeld mit einer sowjetischen Transportmaschine, die irgendwelche Aggregate nach Havanna bringen sollte und eine Zwischenlandung in Madrid machte. Keine Linienmaschine, erst recht kein Charter. Die DDR sparte eben, wo sie konnte.

Ich hatte im Gepäck sieben Punkte, die ich in den nächsten Monaten erfüllen sollte. Ganz oben stand die Sicherung der Delegation, eventuelle Provokationen sollten verhindert oder abgewehrt werden. Nicht minder wichtig die ungefilterte Wiedergabe meiner Beobachtungen des Kongressverlaufes. Die Zentrale wollte keine geschönten Berichte oder Interpretationen, sondern die ungeschminkte Wahrheit. Daneben, drittens, sollte ich Kontakte zu westlichen Konferenzteilnehmern suchen und ausloten, wer für uns interessant sein könnte. Eine Werbung war mir ausdrücklich untersagt worden, aber ich sollte Augen und Ohren offenhalten, an wen man später mit diesem Ziel herantreten könnte. Die Punkte vier bis sieben waren das Übliche: Zusammenarbeit mit den IM vor Ort (zwei hatte ich quasi im Gepäck), Sammlung von Material und Erfahrungen für die Arbeit in Berlin sowie meine engagierte Mit- und Nachwuchsarbeit in der Delegation. Denn es wurden nicht nur regelmäßig junge Diplomaten im Wechsel eingeflogen, die Erfahrungen sammeln sollten, auch inoffizielle Mitarbeiter wechselten durch. Ich ließ drei neue nachkommen und die Plätze von anderen besetzen.

Die Sitzungen fanden in einem Kongresszentrum statt, das etwa zehn Kilometer von unserer Botschaft entfernt lag. Meist fuhren wir mit unseren Renaults dorthin. Das Auditorium, bestehend aus den Delegationen, saß in ansteigenden Sitzreihen, wie in einem Kino oder Theater. Unsere Plätze befanden sich in der achten Reihe vorm Präsidium und waren, wie schon in Helsinki, in der Abfolge des spanischen Alphabets verteilt worden – die República Democrática Alemana war zwischen der República Federal de Alemania und den Estados Unidos de América platziert. Die Westdeutschen saßen in einer Reihe mit und hinter uns, jenseits des Ganges thronten die US-Amerikaner.

Die Debatten waren für mich, wenngleich für die meisten Beobachter ziemlich ermüdend, absolut spannend. Ich hatte noch nie zuvor an solchen diplomatischen Muskel- und Wortspielen teilgenommen. Vieles blieb mir fremd und verborgen, doch ich fand, dass die Sache einen beachtlichen Unterhaltungswert besaß. Vor allem wurde mir die Kompliziertheit und Komplexität der Materie erstmals bewusst. Es war nicht so einfach und schlicht, wie es bisweilen in Berlin vom Schreibtisch aus wirkte. Sicher, prinzipiell lagen wir dort immer richtig, und hier lief man Gefahr, bei der unablässigen Differenzierung den Wald vor lauter Bäumen nicht mehr zu erkennen. Man stieg jeder einzelnen Verästelung nach, wobei mir nicht klar war, ob das eine besonders raffinierte Methode der Verwirrung oder einfach dem Denken westlicher Diplomaten geschuldet war. Die tickten vielleicht von Haus aus so.

Allerdings hatten wir in Diplomaten wie Peter Steglich die absoluten »Durchblicker« auf unserer Seite, ich beneidete sie um ihre Souveränität und Fähigkeit zum klaren Urteil. Das war klassenmäßig und von keinerlei Zweifel getrübt.

Der unseren Diplomaten vorgegebene Spielraum, maßgeblich von der sowjetischen Delegation bestimmt, mit der wir uns regelmäßig berieten, war ziemlich eng. Die NATO hatte Ende der 70er Jahre ihren sogenannten Nachrüstungsbeschluss gefasst und begann in Westeuropa mit der Stationierung von neuen atomar bestückten Mittelstreckenraketen und Marschflugkörpern. Die Sowjetunion brachte in der DDR und in der ČSSR ihre SS-20 in Stellung. Damit verkürzten sich dramatisch die Vorwarnzeiten.

Die Gespräche in Madrid wurden zudem überschattet von der Intervention der Sowjetarmee in Afghanistan, dem sich ein zehn Jahre währender sinnloser Krieg anschließen sollte. Deshalb boykottierte der Westen im

Sommer 1980 die Olympischen Spiele in Moskau (und der Osten im Gegenzug die in Los Angeles 1984). Im Dezember 1981 rief Polen den Kriegszustand aus, um eine konzertierte Aktion der Verbündeten wie 1968 in der ČSSR zu vermeiden. Hintergrund waren soziale Unruhen und Streiks, die zur Bildung und Legalisierung der Gewerkschaft Solidarność führten. Der schlossen sich, mit Berufung auf Helsinki, zehn Millionen Polen an, was zu einer Staatskrise führte. Die Konterrevolution, wie allgemein der schwindende Verlust der Macht der regierenden Polnischen Vereinigten Arbeiterpartei (PVAP) bezeichnet wurde, sollte mit der Verhängung des Kriegsrechts und der Internierung von Oppositionellen gestoppt werden. Das war die Lesart des Westens, und so argumentierten deren Diplomaten auch in Madrid. Tatsächlich aber hatte der Westen, insbesondere die USA, die wirtschaftliche Talfahrt des Landes – ganz zu schweigen von den Aktivitäten ihrer Geheimdienste in Polen – durch Wirtschaftssanktionen, wenn auch nicht ursächlich herbeigeführt, so doch massiv beschleunigt. US-Präsident Reagan trug dafür maßgeblich die Verantwortung. Die Grundnahrungsmittel mussten rationiert werden, die Versorgung mit Medikamenten brach zusammen. Die Subventionen für Lebensmittel und Energie wurden dramatisch gekürzt, was zu einer Verdopplung der Lebenshaltungskosten in Polen führte. Die sozialistischen Verbündeten konnten kaum helfen, sie litten ebenfalls unter der weltweiten Verteuerung der Rohstoffe, besonders des Erdöls. Auch die DDR musste inzwischen wesentlich mehr Industrie- und Konsumgüter exportieren und diese damit dem Binnenmarkt entziehen, um die gleiche Menge Öl importieren zu können. In der SED, die 1981 ihren X. Parteitag abhielt, war darum intern diskutiert worden, ob man die »Politik der Hauptaufgabe« fortsetzen oder besser einen Kurswechsel vornehmen sollte, also gleichfalls die Subventionen (»die zweite Lohntüte«) kürzen, die Ladenpreise realistisch gestalten und weniger Kredite im Westen aufnehmen sollte. Schulden führten nachgewiesenermaßen zu einer größeren Abhängigkeit. Honecker setzte sich jedoch mit seinem Steckenpferd durch, die ruinöse Politik der Hauptaufgabe wurde stoisch fortgesetzt. Deshalb konnte auch die DDR der Volksrepublik Polen kaum helfen.

Die außenpolitischen Rahmenbedingungen führten im März 1982 zum Abbruch der Konferenz in Madrid. Sie trat erst wieder im November, nach mehr als einem halben Jahr Pause, in der spanischen Hauptstadt zusammen. Ich war nicht mehr dabei. Man hatte mich inzwischen zum Leiter des Referats 3 gemacht, zum Major befördert und mich mit irgendwelchen Auszeichnungen für meinen Einsatz bei der KSZE-Nachfolgekonferenz geehrt.

Doch auch der zweite Anlauf in Madrid stand unter keinem guten Stern. Moskau verließ im November 1983 die Verhandlungen über die nuklearen Mittelstreckenwaffen (INF), nachdem Wochen zuvor über sowjetischem Territorium ein koreanisches Flugzeug mit 269 Menschen abgeschossen worden war und weltweit die antisowjetischen Proteste loderten. Natürlich handelte es sich nicht nur um eine gut von den US-amerikanischen Diensten organisierte Propagandawelle – auch der Abschuss selbst war eine inszenierte Provokation, wie sehr viel später bekannt wurde. Die USA wollten auf diese Weise die Befehlsstrukturen, die neuralgischen Sicherungssysteme der sowjetischen Luftabwehr und die Reaktionen der Sowjetunion ausloten. Das gelang zu 100 Prozent. Und da sie die Urheber waren, besaßen sie auch den Vorteil der Erstinformation, während die sowjetische Propaganda saudämlich reagierte, wie wir in der X analysierten. Das wurde mit der sowjetischen Führungsschwäche entschuldigt: Der schon seit Jahren kranke Breshnew war im November 1982 gestorben und vom nicht weniger kranken ehemaligen KGB-Chef Andropow beerbt worden. Und als dieser nach 14 Monaten Amtszeit als Generalsekretär starb, kam im Februar 1984 der todkranke Tschernenko an die Reihe. Er sollte im März 1985 sterben. Es war im Wort- wie im übertragenen Sinne ein Trauerspiel, was sich damals im Kreml ereignete. Und letztlich, das war uns allen mehr oder weniger bewusst, war dies eine Stalinsche Hinterlassenschaft. Der erste Mann in der Partei entschied alles, und wenn der Generalsekretär nicht entscheiden konnte, weil er krank war, wurde eben nichts entschieden. Von »kollektiver Führung« war nichts zu spüren, denn jeder aus dem Führungskollektiv fürchtete – wenn er denn selbstständig eine notwendige Entscheidung treffen würde – entweder die vernichtende Kritik des Ersten, wenn denn dieser wieder bei Sinnen war, oder die vernichtenden Attacken der Mitgenossen, dass er sich vorgedrängelt und seine Kompetenz überschritten habe. Die Geschichte kannte unzählige Beispiele, wie auf diese Weise Selbstständigkeit und Verantwortung in der Führungsspitze bestraft worden war.

Die koreanische Linienmaschine, aus Alaska kommend, wich um 500 Kilometer vom vorgegebenen Kurs ab, überquerte die für den internationalen Luftverkehr gesperrte sowjetische Halbinsel Kamschatka und flog die sowjetische Insel Sachalin an, die ebenfalls gesperrt war. Drei sowjetische Abfangjäger versuchten, die unbeleuchtete Maschine zum Abdrehen oder zur Landung zu zwingen, nachdem kein Funkkontakt zustandegekommen war. Doch alle Signale wurden ignoriert. Daraus schloss das Kommando der sowjetischen Luftverteidigungskräfte für den Militärbezirk Fernost, dass es sich um ein feindliches militärisches Ziel handeln müsse, und erteilte den Befehl zum Abschuss.

Spätestens jetzt hätte Moskau der Welt mitteilen können und müssen, dass ein Flugzeug illegal längere Zeit in ihrem Luftraum unterwegs gewesen sei, und da alle Kontakte ignoriert worden waren, habe man sich zum Abschuss entschlossen. Wenn Menschen dabei ihr Leben verloren haben, so bedauere das die sowjetische Regierung zutiefst.

Das wäre der offensive Umgang gewesen mit einer Realität, die von anderen geschaffen worden war.

Stattdessen jedoch tat Moskau so, als wisse man von nichts. *TASS* meldete drei Tage später, als weltweit schon vor sowjetischen Botschaften protestiert wurde, dass sowjetische Jäger eine Maschine aus ihrem Luftraum abgedrängt hätten. Mit dem Verschwinden eines koreanischen Flugzeuges habe man nichts zu tun.

Zu spät informiert und dann auch noch falsch.

US-Präsident Reagan hingegen verurteilte da bereits den Abschuss als »ein Verbrechen gegen die Menschlichkeit«, als »Akt der Barbarei« und »unmenschlicher Brutalität«. In den Medien wurde Geheimdienstmaterial verbreitet, etwa Aufzeichnungen des sowjetischen Funkverkehrs, das von US- und japanischen Horchposten in Wakkanei, der nördlichsten Stadt Japans, mitgeschnitten worden war.

Am 6. September 1983 fand auf Initiative der USA eine Sitzung des UN-Sicherheitsrates statt, auf der die

US-Vertreterin ebenfalls Tonbandmitschnitte präsentierte, die den Abschuss eindeutig bewiesen. Nur das Veto der Sowjetunion als ständiges Mitglied verhinderte ihre Verurteilung durch den Sicherheitsrat. US-Präsident Reagan veranlasste, dass die sowjetische Aeroflot drei Jahre lang in den USA weder landen noch starten durfte …

Die Propagandaschlacht hatten die Amerikaner klar für sich entschieden. Wieder einmal zeigte sich, wie wichtig die Erstinformation war – sowohl für den Zeitpunkt als auch für die Interpretation der Fakten. Für uns bei der X war dies ein einzigartiges Lehrstück. Was die sowjetische Seite betraf: wie man es auf keinen Fall machen durfte, und in Bezug auf die US-amerikanische Seite: wie man mit Demagogie, dramatischen Auftritten und lautem Getöse Stimmungen erzeugen konnte. Fortan existierte für die Amerikaner und die Welt ein »Reich des Bösen«.

Nach dem Untergang der Sowjetunion kamen Fakten ans Licht, die belegten, dass es sich eindeutig um eine Inszenierung der US-Amerikaner gehandelt hatte. So gab 2015 Japans Außenministerium ein Dokument frei, demzufolge ein hochrangiger US-Beamter zwei Monate nach dem Abschuss Tokio darüber informierte, dass die USA auf Parallelkurs zu KAL 007 den US-Spionageflieger RC-135 in der Luft hatten. Ebenfalls eine Boeing, zwar etwas kleiner, aber in der Silhouette nicht zu unterscheiden. Der elektronische Späher hätte zwar nicht das Territorium der Sowjetunion verletzt, er wäre rechtzeitig abgedreht. Aber, und darauf war wohl spekuliert worden, die beiden Flugrouten kreuzten sich im Radarschatten, so dass auf den sowjetischen Monitoren keine eindeutige Zuordnung mehr möglich war. Die sowjetischen Luftverteidigungskräfte waren, als sie die Maschine abschossen, davon überzeugt, den Spionageflieger getroffen zu haben.

Ben Fischer, einst hochrangiger Mitarbeiter der CIA und nun deren Hofhistoriker, räumte ein, dass mit dem Amtsantritt der Reagan-Administration 1981 eine hochgefährliche Periode begann, die extrem provokative Verletzungen des sowjetischen Hoheitsgebiets zu Lande, zu Wasser und in der Luft beinhaltete. Die Operationen fanden zumeist in militärisch besonders sensiblen Regionen statt, um auf diese Weise systematisch die Abwehrreaktion der Gegenseite zu testen. Mit seinen Spionagesatelliten erhielt das Pentagon auf diese Weise immer mehr Koordinaten der militärischen und politischen Kommando-, Kontroll- und Kommunikationszentren (C3), die für die strategische Abschreckung der Sowjetunion von kritischer Bedeutung waren. Zugleich passte es zu der neuen US-Strategie eines »führbaren und gewinnbaren begrenzten Atomkriegs«, die von den Hardlinern in der Reagan-Administration propagiert wurde.

Und Rainer Rupp (»Topas«), die Spitzenquelle der HVA im Hauptquartier der NATO, berichtete davon, dass Monate nach dem Abschuss in Brüssel ein *Intelligence Memorandum* des militärischen US-Nachrichtendienstes DIA eingegangen sei, in welchem man sich eines »durchschlagenden Erfolgs« bei der Aufklärung der sowjetischen C3-Zentren im russischen Fernen Osten gerühmt habe. So Rupp im November 2007 auf der Konferenz im dänischen Odense (»Hauptverwaltung A. Geschichte, Aufgaben, Einsichten«, edition ost, 2008). Und weiter Rupp: »Als einige Jahre später die US Navy einen mit Passagieren vollbesetzten Jumbo der iranischen Fluggesellschaft abschoss, kam dagegen die typische US-amerikanische Doppelmoral zum Zuge. Am

3. Juli 1988 war der US-Raketenkreuzer *Vincennes* im Persischen Golf völkerrechtswidrig und provokativ in iranische Hoheitsgewässer eingedrungen. Der Jumbo mit der Flugnummer 655 der *Iran Air* wurde vom Kapitän des US-Kreuzers irrtümlicherweise für ein iranisches Kampfflugzeug gehalten und ohne Zögern sofort zerstört. Alle Passagiere starben. Derweil rechtfertigte Washington den Abschuss und bestätigte dem US-Kapitän, militärisch korrekt gehandelt zu haben. Washingtons Verbündete zeigten dafür Verständnis, und der Fall verschwand aus den Medien. Wie ganz anders war das fünf Jahre zuvor, als Moskau wegen KAL-007 zum Monster abgestempelt wurde.«

Das alles muss ich voranstellen, um das Klima deutlich zu machen, in welchem in Madrid konferiert wurde. Und weshalb ausgerechnet dort? Nach dem Ende der Franco-Diktatur und der einsetzenden Demokratisierung war Spanien um internationale Reputation bemüht, weshalb es große Anstrengungen unternahm, eine KSZE-Nachfolgekonferenz ausrichten zu dürfen. Dazu hatte es am 9. September 1980 ein Vorbereitungstreffen gegeben.

Schon am ersten Tage, am 11. November, mussten die Uhren angehalten werden. Das ist in der Welt der Diplomaten Brauch, wenn eine Konferenz innerhalb der vereinbarten Zeit nicht zu einem Resultat führen oder, wie in unserem Falle, die Konferenz nicht beginnen würde. So entging man dem Vorwurf der Verspätung, denn was bei gestoppten Uhren stattfand oder eben nicht, war nicht *während* der Sitzung geschehen und musste darum auch nicht behandelt oder kommentiert werden.

Wir waren kontrolliert worden und saßen bereits im Saal, als – für alle sichtbar – die Zeiger der Konferenzuhr sich nicht mehr rührten. Die Erklärung wurde nachgereicht: Die Delegationsleiter hatten sich nicht über die Tagesordnung einigen können. Wir harrten geduldig aus, doch die Minuten verrannen und wurden zu Stunden. Schließlich hieß es, die Sitzung sei vertagt, morgen würde man einen neuen Anlauf nehmen.

Am folgenden Vormittag wiederholte sich alles. Wir gingen essen und warteten auf Nachricht. Dann sollte es endlich losgehen. Unsere Delegation saß, wie schon erwähnt, vor der aus der BRD. Das Protokoll fügte es, dass neben mir ein westdeutscher Diplomat saß. Er war in meinem Alter, sehr freundlich und gesprächig, er wirkte nicht unsympathisch. Wir tauschten Artigkeiten aus und wurden von unseren Delegationsleitern zur Ruhe ermahnt, als es endlich losgehen sollte. Der spanische König Juan Carlos eröffnete, wünschte in einer kurzen Ansprache der Konferenz einen erfolgreichen Verlauf. Danach wurde eine Art Präsidium gewählt, das mit der Leitung der Zusammenkunft beauftragt wurde, denn die eigentliche Kongressarbeit fand in Arbeitsgruppen statt. Nur hin und wieder wollte man im Plenum zusammentreten.

Am Abend gab ich meinen ersten Bericht nach Berlin durch, der, ich bestreite es keineswegs, nicht ganz frei war von den vielen ungewohnten Eindrücken, die mich übermannt hatten. Ich war nicht zum ersten Mal im Ausland, aber gänzlich neu in diesem Metier. Erst nach und nach drang ich in die Materie ein, was wichtig war, selbst wenn man nur nüchtern rapportierte. Da man aber nicht eins zu eins berichten konnte, musste ich mich konzentrieren. Und das funktionierte nur, wenn man überhaupt verstanden hatte, worüber eigentlich gesprochen worden war. Steglich schrieb seine Berichte fürs Außenministerium, ich für die Auslandsaufklärung. Auch wenn es zwei unterschiedliche Empfänger gab, liefen die beiden Berichte irgendwo in Berlin zusammen. Deshalb war uns klar, dass sie nicht gravierend auseinanderliegen durften. Das hatte es mitunter in der Vergangenheit gegeben, was in Berlin nicht nur zu Irritationen führte, sondern auch personelle Konsequenzen nach sich zog. Das musste nicht sein. Daher stimmten Steglich und ich uns im Groben ab, was jeder nach Berlin kabeln würde.

Das Problem, das sich dabei herauszukristallisieren begann, befand sich in der Botschaft. Der Funker, offiziell Chiffreur genannt, lebte bereits geraume Zeit in Madrid. Die DDR und Spanien hatten im Januar 1973 diplomatische Beziehungen aufgenommen, was von verschiedener Seite – auch von der KP Spanien – nicht gutgeheißen wurde, weil der Putschist Franco noch immer an der Staatsspitze stand. Vielleicht war deshalb die Botschaft nur gering besetzt, sie war unsere kleinste in Westeuropa. Neben dem Botschafter Peter Lorf gab es noch einen I. und einen III. Sekretär, den Chiffreur und ein Ehepaar, er war Hausmeister und Kraftfahrer und seine Frau die Sekretärin. Die damals in Spanien herrschenden Verhältnisse sorgten dafür, dass die diplomatischen Beziehungen eher auf Sparflamme gehalten wurden, was sich aber nach Francos Abgang änderte. Zuvor waren die Beziehungen eingefroren worden, als im Oktober 1975 fünf antifaschistische Regimegegner hingerichtet wurden. Alle Diplomaten des politischen Bereichs wurden abgezogen, Syrien übernahm die Vertretung der DDR. Nach Francos Tod Ende 1975 wurde wegen dieses Schrittes der DDR die Wiederaufnahme der Beziehungen solange hinausgezögert, bis die diplomatischen Beziehungen zu allen anderen Staaten Osteuropas hergestellt waren. Außerdem bestand die spanische Seite im politischen Bereich auf einem »Neubeginn, auch personell«, wodurch der Wiedereinsatz des Botschafters und des I. Sekretärs ausgeschlossen wurde. Selbst gegen den III. Sekretär gab es Widerstand. Seit 1978 nun war Ernst Walkowski Botschafter, vormals Gesandter in Paris. Der Chiffreur hatte sich an sein geruhsames Dasein unter südlicher Sonne offenkundig sehr gewöhnt, mehr als drei oder vier Funksprüche in der Woche musste er nicht absetzen. Nun wurde das Wochenprogramm zur Tagesaufgabe, was ihm merklich gegen den Strich ging. Ich beobachtete das einige Zeit, bis es mir zu viel wurde. Ich forderte in Berlin einen neuen Mann an, der »Funkbeamte« musste seine Koffer packen und nach Hause fliegen.

Mein Arbeitstag war ausgefüllt mit Sitzungen, Gesprächen, Arbeitsessen, Treffs mit IM, Gedankenaustausch, abendlichen Berichten … Mein Nachbar in der BRD-Delegation hatte es erkennbar angenehmer. Im Unterschied zu mir verfügte er über viel Freizeit und Leerlauf. Nach einer Weile fand ich heraus, wer bei den Westdeutschen an der Leine des BND lief, dafür besaß ich einen siebten Sinn. Dieser Mann fütterte die Journalisten mit Informationen, lancierte Meldungen, betrieb weiße und graue Propaganda. Das Interesse der BRD-Medien an Madrid war beachtlich, was uns zu doppelter Vorsicht zwang, um nicht in deren Fokus zu geraten. Jeder meiner IM hatte »seine« westlichen Diplomaten im Blick, wusste von deren Verbindung zu bestimmten Journalisten. Wir mieden jeden Pressekontakt. In der Delegation war festgelegt worden, dass Botschafter Steglich als Einziger autorisiert war, vor Kameras und Mikrofone zu treten. Alle anderen sollten um diese einen weiten

Im Kongresspalast: DDR-Staatssekretär Herbert Krolikowski auf dem Weg zum Rednerpult. Links neben ihm: Botschafter Peter Steglich

Bogen machen. Das traf auf mich in besonderem Maße zu. Hin und wieder kam auch ein Fernsehteam aus der DDR vorbei, etwa wenn nach Beendigung der Sommer- und der Winterpause die Konferenz fortgesetzt wurde. Dann berichtete die Aktuelle Kamera in Adlershof und schwenkte gern über die Reihe mit der DDR-Delegation. Ich wusste es immer so einzurichten, dass ich den Drehtermin verpasste oder andere dringende Verpflichtungen hatte. Nur einmal war ich von hinten gefilmt worden, was ich nicht bemerkt hatte, wohl aber meine Familie und einige Kollegen in Berlin am Bildschirm.

Das Credo der Diplomaten (»Um erfolgreich zu sein, muss man still und unauffällig im Verborgenen wirken«) galt und gilt eben auch für Geheimdienstler.

Trotz aller Aufmerksamkeit wurden Falschmeldungen verbreitet, Gerüchte gestreut und Versuchsballons gestartet. Nicht nur von der Gegenseite. Auch wir waren nicht passiv. Vieles bekam unser Delegationsleiter nicht mit, wie in seinen lesenswerten, 1998 erschienenen Erinnerungen (»KSZE – Fossil oder Hoffnung?«) festzustellen ist. In der sowjetischen Delegation, zu der wir sehr intensive Kontakte unterhielten – einmal wöchentlich trafen die Delegationen zusammen –, war auch Sergej A. Kondraschow, ein erfahrener Offizier des KGB, der seit den frühen 50er Jahren unter diplomatischer Abdeckung an vielen Botschaften aktiv war. Dass dieser in erster Linie ein Geheimdienstler war, erfuhr Peter Steglich aus einer »Indiskretion des unserer Delegation zugeteilten Mitarbeiters aus dem Ministerium für Staatssicherheit«. Ich hatte mich verplappert: Bei einer Konsultation in Berlin hatte sich Kondraschow aus dem offiziellen Programm des Außenministeriums verabschiedet, worauf mich Peter Steglich nach dem Grund fragte. Ich verriet ihm, dass er bei Mielke sei, der ihm zu seiner Beförderung zum Generalleutnant gratulieren wollte.

Kondraschow war ein weltläufiger, umgänglicher Partner. Er sprach Englisch, Französisch und Deutsch nahezu akzentfrei und war auch bei den westlichen Diplomaten gern gesehen. Kondraschow war, anders als ich, trotz der fortgesetzten Attacken des Westens, insbesondere der USA, von einem guten Abschluss der Konferenz überzeugt, ich zunehmend weniger. Und ich meinte, dass Kondraschow deshalb daran glaubte, weil er es musste: alles andere wäre ein Desaster für die sowjetische Außenpolitik gewesen. Diese Unterschiede in den Auffassungen blieben in der Zentrale nicht unbemerkt, weshalb ich den versteckten Hinweis erhielt, mich künftig besser mit Kondraschow abzustimmen. Er verfüge über größere Erfahrungen in diesem Metier …

Der Stellvertreter unseres Außenministers Oskar Fischer kam Anfang August 1981 nach Madrid. Fischer hegte für die KSZE nie besondere Sympathie, und auch Herbert Krolikowski war der Auffassung, dass wir die Samthandschuhe ausziehen sollten. Krolikowski hatte in sowjetischer Kriegsgefangenschaft eine Antifa-Schule besucht, später die Diplomaten-Hochschule in Moskau und dort auch seinen Doktor der Philosophie gemacht. In der Nachfolge von Peter Florin war er Botschafter in Prag geworden, 1971 ZK-Mitglied und seit 1975 Staatssekretär und 1. Stellvertreter des Ministers für Auswärtige Angelegenheiten.

Krolikowski rief mich unmittelbar nach seiner Ankunft zu sich. Da er in Berlin unsere Delegation verabschiedet hatte, wusste er genau, wer ich war. Deshalb hatte er mich ja auch einbestellt.

»Was ist am 13. August?«

»20. Jahrestag des Mauerbaus, äh, der Grenzsicherungsmaßnahmen«, antwortete ich.

Krolikowski machte eine wegwerfende Handbewegung, die wohl mehr auf die Wortwahl als auf die Antwort zielte, denn die war richtig.

»Die haben was vor. Du kennst doch den Löwenthal?«

»Und wie.« Löwenthal war ein Kalter Krieger der schlimmsten Art und entschiedener Gegner der Entspannungspolitik. Seit 1969 hetzte er wöchentlich im *ZDF-Magazin*, dem damals immer noch als »Adenauer-Fernsehen« bezeichneten *Zweiten Deutschen Fernsehen*: Weil ihm die *ARD* zu kritisch war, hatte der Bundeskanzler 1960 ein Staatsfernsehen (»Deutschland-Fernsehen GmbH«) ins Leben gerufen. Das wurde vom Bundesverfassungsgericht gestoppt, daraufhin gründeten die mehrheitlich von den Konservativen regierten Bundesländer 1961 das *Zweite Deutsche Fernsehen* als »eine gemeinnützige Anstalt des öffentlichen Rechts«. Der erklärte

Antikommunist Löwenthal gehörte schon bald zu den profilbestimmenden Fernsehjournalisten des *ZDF*. Mit seinem gegen die DDR gerichteten »Hilferuf von drüben« inszenierte er beispielsweise Geschichten mit Personen, die den angeblich willkürlichen Repressionen der »Kommunisten in der Zone« ausgeliefert waren.

Krolikowski nickte und schaute aus dem Fenster. »Als ich in Madrid ankam, habe ich zufällig den Löwenthal mit seinem Tross gesehen. Die haben was vor. Vermutlich zum Jahrestag. Weißt du was davon?«

Ich schüttelte den Kopf.

Das schien den Unmut des Vize-Außenministers zu verstärken. Seine Falten auf der Stirn verrieten mir, was dahinter vor sich ging: Was sind das nur für Pfeifen von der Aufklärung, die kriegen nichts mit! Und ich dachte: Du Arsch, wir können nicht überall sein und nicht alles wissen, und nur weil dir zufällig der Löwenthal begegnet, musst du nicht so ein Gewese machen …

»Pass mal auf«, holte Krolikowski aus. »Krieg raus, was die vorhaben! Wann, was, wo, mit welcher Absicht? Und dann müssen wir das verhindern. Sobald du was weißt, meldest du dich bei mir. Die anderen müssen das nicht wissen.« Damit war die kurze, aber heftige Dienstbesprechung – zumindest ist sie mir als ziemlich laut in Erinnerung geblieben – beendet.

Mit Hilfe meiner IM und eigener Kontakte zu westdeutschen Delegationsmitgliedern brachte ich in Erfahrung, dass das *ZDF* bzw. Löwenthal eine medientaugliche Aktion in der Paseo de la Castellena plante. Die Straße trug noch bis vor wenigen Monaten den Namen Francos. An der hauptstädtischen Magistrale, gegenüber dem Estadio Santiago Bernabéu, befand sich der Palacio de Congresos de Madrid, in welchem die Konferenz tagte.

Dort wollten sich mehrere Personen, die Löwenthal mit seinem »Hilferuf von drüben« freigepresst hatte, an die Eingangspforte ketten und mit Transparenten gegen das kommunistische Unrechtsregime protestieren. Im Gebäude selbst waren Interviews mit Konferenzteilnehmern geplant, die man auf die Verletzung der Menschenrechte (Korb III) usw. in der DDR hinweisen wollte. Ausgereiste »Häftlinge« sollten im Foyer des Kongresszentrums ihre Leidensgeschichte in die Kamera erzählen und Flugblätter verteilen. Das alles würde man über den eigenen Sender jagen und als Nachricht von einer spontanen Protestaktion an alle Fernsehstationen in den KSZE-Staaten verkaufen.

Krolikowski nickte wissend, als ich ihn unterrichtete.

»Genau das habe ich mir gedacht«, reagierte er ungehalten, als sei ich nicht lediglich der Überbringer der schlechten Nachricht, sondern deren Urheber. »Die wollen viel Lärm und Klamauk machen und der DDR ans Bein pissen. So nicht, Brüder, so nicht!« Der Vize-Außenminister war erregt, nicht über die Maßen, denn mit solchen Aktionen war immer zu rechnen, und mehr als einmal waren unsere Diplomaten in der Vergangenheit damit konfrontiert worden. Das war nichts Ungewöhnliches. Aber meist bewegten sich solche Provokationen im gesitteten Rahmen: Die Transparente und Sprechchöre blieben hinter Absperrgittern, sie waren die im Westen übliche Begleitmusik bei Staatsbesuchen und Kongressen. Das war kein Grund zu gesteigerter Erregung oder gar Verunsicherung. Doch in diesem Falle sollten die Spielregeln verletzt werden, Löwenthal und das *ZDF* planten einen Tabubruch.

»Hast du schon eine Idee?«

»Ja.«

Krolikowski schaute überrascht.

»Man müsste Löwenthal die Akkreditierung entziehen lassen.«

»Ist er denn überhaupt akkrediert?« Der Mann aus Berlin war darüber im Zweifel.

»Ich versuche, Einblick in die Akkreditierungslisten zu bekommen. Egal, ob er dort eingetragen ist oder nicht – das wäre ein Argument, mit dem wir umgehen können. Immerhin schleicht er bereits mit seinem Kamerateam durch das Kongresszentrum, wie ich gesehen habe.«

Ich intensivierte meine lose Verbindung zum Pressebüro und begann, eine junge Spanierin zu bezirzen. Sie ließ sich erweichen, ohne zu wissen, warum ich die Akkreditierungsliste einsehen wollte. Ich ließ dafür meinen ganzen Charme spielen, den aufzubringen ich in der Lage war. Löwenthal stand, was ich fast vermutete, nicht auf der Liste.

Als ich das Krolikowski berichtete, zeigte der sich begeistert. »Ich werde mit Ernst Walkowski sprechen. Unser Botschafter soll im spanischen Außenministerium, die sind schließlich Gastgeber der Konferenz, Protest einlegen, dass nicht-akkreditierte Journalisten durch das Kongresszentrum laufen und die Arbeit der Diplomaten behindern. Dann haben sie zwei Möglichkeiten: Entweder erfolgt nachträglich eine Akkreditierung, was nicht in unserem Sinne wäre, oder Löwenthal & Co. werden aus dem Haus geworfen.«

Der diplomatische Protest brachte das von uns gewünschte Ergebnis. Die Konferenzleitung erteilte dem *ZDF*-Team Drehverbot im und vor dem Kongressgebäude, da keine Dreherlaubnis beantragt und folglich auch nicht erteilt worden war. Wie immer in solchen Fällen zog man sich auf formal-technische Kriterien zurück, was hier auch völlig genügte. Ein Protest des Gastgebers, etwa, dass man nicht billige, wenn ein Gast diskreditiert und beleidigt würde, war nicht zu erwarten. Wir waren dennoch zufrieden und feixten uns eins, als Löwenthal in seinem Studio auf dem Mainzer Lerchenberg giftete, dass ihm eine geplante Sendung aus Madrid von der den Kommunisten hörigen Konferenzleitung verweigert worden sei.

Möglicherweise kam uns auch der Umstand zu Hilfe, dass es im Februar einen Putsch-Versuch faschistischer Militärs gegeben hatte. Bei der Wahl des neuen Ministerpräsidenten hatten 200 Soldaten das Parlament gestürmt, durch die Stadt rollten Panzer. In der Nacht erklärte sich der König, anderentags demonstrierten Antifaschisten und Verteidiger der bürgerlichen Demokratie durch die Stadt, die Putschisten gaben auf. Diese Erfahrung einer fortwährenden Bedrohung ließ die Ausrichter der Konferenz auf einen Protest wie den unseren verständnisvoll reagieren. Außerdem hatten alle zur KSZE-Nachfolgekonferenz zugelassenen Journalisten sich ausdrücklich verpflichten müssen, ausschließlich über die Tagung und nicht über innenpolitische Probleme in Spanien zu berichten. Die wenigen DDR-Journalisten hielten sich daran. Wobei das Misstrauen gegenüber Journalisten aus dem Osten in Madrid groß war, größer jedenfalls als in Wien, Stockholm und anderen früheren Konferenzorten.

Als Krolikowski abreiste, schlug er mir auf die Schulter: »So musst du arbeiten, Genosse, und nicht anders!« Er schaffte es wie in unserer Partei üblich, das Lob mit Kritik zu garnieren.

Löwenthal, der übrigens wenige Tage nach seinem 80. Geburtstag 2002 verstarb, blieb zeitlebens ein Kalter Krieger. Nachdem ihn nach seiner 585. Sendung das *ZDF*

»zwangspensioniert« hatte, wie er selber erklärte, schrieb er vorzugsweise für rechtsradikale Postillen wie die *Junge Freiheit*. Sein Weltbild korrigierte er bis zu seinem Tode nicht. »Ich höre immer, der Kommunismus sei tot. Aber mir hat noch niemand die Leiche gezeigt. Mich beschäftigt die Frage, inwieweit der Westen wieder dabei ist, auf die Russen hereinzufallen.«

Völlig überraschend, aber da befand ich mich bereits daheim, kam es wider Erwarten doch noch zu einem Kompromiss und zu einem Schlussdokument in Madrid. Die Sowjetunion (und damit ihre Verbündeten) hatten Zugeständnisse insbesondere bei Korb III gemacht. So sollte eine Menschenrechtskonferenz stattfinden und auf Wunsch der USA auch ein Expertentreffen über menschliche Kontakte. Und es war »das Recht der Arbeiter, Gewerkschaften frei einzurichten und ihnen beizutreten« in das Schlussdokument aufgenommen worden, was natürlich auf Solidarność zielte, von uns aber durch den Zusatz relativiert wurde: unter »Beachtung der Gesetze des Staates«.

Das entsprach den ungeschriebenen Regeln der Verhandlungsdiplomatie. Texte eines Dokuments werden immer dann möglichst konkret formuliert, wenn sie den eigenen Interessen entsprechen. Ist das nicht der Fall, werden abschwächende Formeln angestrebt, die den harten Kern einer Aussage abfedern und Verpflichtungen einschränken. Peter Steglich berichtete, dass wir – also die Sowjetunion und ihre Bundesgenossen – bei solchen Übungen die Nerven der Gegenseite wiederholt strapaziert hatten. »So explodierte der ansonsten eher vornehm-distanzierte britische Delegationsleiter mit der an den Osten gerichteten spitzen Frage, weshalb er in wichtigen Dingen eine solch verbale Zurückhaltung an den Tag lege. Schließlich sei das Kommunistische Manifest auch sehr klar und direkt gehalten. Es heiße dort unter anderem *Proletarier aller Länder, vereinigt euch!* und nicht etwa, *die Proletarier werden prüfen, danach zu streben, sich zu vereinigen.* Weshalb also zögerliches Verhalten, wenn es darum gehe, ohne wortreiche Umwege die Existenz unabhängiger Gewerkschaften anzuerkennen? Allerdings blieb auch der Westen nichts schuldig, wenn es galt, abschwächende Formeln dort zu verwenden, wo es seinen Interessen entsprach«, so unser Delegationsleiter nach dem »Wunder von Madrid«.

Doch auch danach blieb das Ost-West-Klima kühl bis frostig.

In den USA plante man weiter den militärischen Enthauptungsschlag der Sowjetunion und Reagan den Krieg der Sterne.

Als OibE in den Magistrat

Ich hatte mal wieder Glück. Zum Gründungstag des MfS am 8. Februar und am 7. Oktober, zum Tag der Republik, gab es stets Orden im Organ. Obgleich die Auszeichnungsschwemme immer beachtlich war, blieben die meisten Genossen ungeehrt auf ihren Stühlen sitzen und mussten mindestens ein weiteres halbes Jahr warten, ehe sie wieder dran waren. Darum machte bei uns der sarkastische Satz die Runde »Keine Prämiierten – keine Deprimierten«, womit ex negativo der Zustand im Saal beschrieben war.

Ich bekam zu meinem 50. Geburtstag den Vaterländischen Verdienstorden in Bronze. Das Jubiläum mit freundlichen Reden und kleinen Aufmerksamkeiten fand am 31. Oktober 1983 statt, die Kollegen hatten mir neben anderem eine Sonderausgabe des *Spiegel* mit witzigen Texten drucken lassen.

Die Verleihung der Auszeichnung erfolgte durch Egon Krenz, weshalb ich ganz entspannt zur Veranstaltung am 8. Februar 1984 gehen konnte: Ich wusste, was mich erwartete.

Es war ein offenes Geheimnis, dass es hierzulande üblich war, treue und verdienstvolle Genossen frühestens, wenn sie die fünfzig erreichten, mit dem VVO in Bronze zu ehren, fünf oder zehn Jahre später folgte die Ausgabe in Silber und spätestens mit Eintritt ins Rentenalter der Vaterländische in Gold, später kam oft noch die Ehrenspange hinzu. Wenn man nicht nach dem Einstieg in diese Ehrungsspirale strauchelte, war damit der Ordensweg bis zur Bahre vorgezeichnet.

Am 7. Oktober 1985, auch das war absehbar, würde ich die Ehrenurkunde für 25 Jahre Dienstzeit beim MfS erhalten.

Doch der Geburtstag war nicht zwingend, mir den VVO in Bronze – an dem 2500 Mark Prämie hingen – ans Revers zu heften, und eigentlich kam diese Auszeichnung für mich ein wenig überraschend. Vielleicht war es auch nur höhere Gerechtigkeit, denn außer der Verdienstmedaille der NVA in Gold, die ich am 7. Oktober 1982 bekommen hatte, war ich bis dato stets leer ausgegangen. Keine Aktivistennadel, keine Medaillen oder Ehrenzeichen. Halt, ich vergaß den Kampforden »Für Verdienste um Volk und Vaterland«, der mir nach der Rettung Willy Brandts 1974 an die Jacke geheftet worden war. In Bronze. Wagenbreth erhielt damals dienstrangmäßig die höchste Stufe, Rabe die silberne Ausführung. Und die Begründung lautete: für Einsätze, »die für den Aufbau und den Schutz des Sozialismus in der DDR von großem Nutzen sind«.

Und nun also der VVO. Es wäre gelogen, würde ich meine Genugtuung in Abrede stellen.

Ich war Major (seit 1975), Leiter des Referats 3 in der Abteilung X (seit 1982) und verdiente im Monat seither 1200 Mark brutto. Prof. Herbert Bertsch, Inoffizieller und offiziell Direktor des Instituts für Internationale Entspannung und Wirtschaft, hatte mir zehn Jahre zuvor, als ich meinen runden Geburtstag in Moskau am Rande des Weltfriedensforums feierte, mit der Feststellung gratuliert: Was man bis vierzig nicht geschafft habe, würde man nie mehr schaffen. So gesehen konnte ich mich jetzt also auf die Rente vorbereiten – ginge alles seinen sozialistischen Gang. Denn was hätte ich noch schaffen wollen oder sollen? Mehr war nicht drin. Und Wunder würden gewiss nicht eintreten.

Allerdings ging mir der Ehrgeiz zum Aufstieg völlig ab: Ich wollte nie Chef oder General werden, ich wollte arbeiten, erfolgreich arbeiten, das schaffte mir ausreichend Befriedigung. Außerdem hing mir die in den Westen geflüchtete Tante wie ein Klotz am Bein.

An der ausgelassenen Geburtstagsfeier in der Abteilung nahm auch die Sekretärin aus dem von Bohnsack geleiteteten Referat 7 teil. Die Frau war nicht nur brilliant in ihrer Funktion, sondern überdies jung und attraktiv. Um präzise zu sein: Sie war 28. Sie hatte jedoch einen vom Ministerium als gravierenden Makel eingestuften Nachteil: Sie war geschieden und alleinerziehende Mutter. Das schätzte man als extremes Sicherheitsrisiko für den Dienst ein. Sie könnte das Opfer eines Romeos werden – natürlich des Romeos eines westlichen Dienstes. Das Sicherheitsbedürfnis des Organs war schon immer hoch, seit der Flucht Stillers 1979 hatte es dramatisch zugenommen. Als die junge Frau in unsere Abteilung versetzt worden war, lebte sie noch im Stand der Ehe, die jedoch kriselte. Ihr Mann war ebenfalls beim MfS. Da sich die Partei für alles im Lande zuständig wähnte, fiel mir als Parteisekretär der Abteilung die Aufgabe zu, die Ehe zu kitten. Allerdings ließ sich da nichts mehr reparieren. Die selbstbewusste Frau hatte andere Erwartungen ans Leben und an die Ehe als ihr fremdgehender Gatte. Nachdem also die Verbindung irreparabel zerbrochen schien, fühlte sich das Organ bemüßigt, umgehend die nunmehr vermeintlich entstandene Sicherheitslücke zu schließen. Bis hinauf in die Kaderabteilung wurde nach einem neuen Partner für sie kollektiv Ausschau gehalten. Sie lehnte konsequent alle »Vorschläge« ab. Man legte ihr Fotos vor, sie tippte statt auf ein Foto sich an die Stirn und erklärte entschlossen, sie werde sich allein einen Mann suchen. Es war mehr als albern, wie sich das Ministerium als Kuppler versuchte.

Dann kam meine Geburtstagsfeier in der »Feuchten Geige«. So nannten wir die Villa in der Pankower Charlottenstraße, die von der Abteilung X für Treffs genutzt wurde. Bewohnt und gewartet wurde das Haus von einem älteren Ehepaar, beide IM. Dort fanden auch größere Zusammenkünfte der Abteilung statt, schon das Adjektiv »feucht« verriet deren häufigste Anlässe. (Auch ein ehemaliger Mitarbeiter erinnerte sich nach dem Ende des Dienstes an das Objekt und fragte mich, inzwischen im Pankower Rathaus für die Wohnungsverwaltung tätig, ob ich ihm nicht das Anwesen zuschieben könne. Ich schob. Und zwar ihn aus dem Büro.)

Nun war auch mir die junge und nahezu von allen Männern der Abteilung umschwärmte Schönheit aus Bohnsacks Vorzimmer keineswegs unsympathisch. Als Parteisekretär hatte ich mich um ihr Seelenheil zu kümmern und sie häufig für mich Schreibarbeiten erledigen lassen, denn in dem von Bohnsack betreuten Wirtschaftsreferat fiel nicht annähernd so viel Papierkram an wie in dem meinen. So suchte ich sie häufig in ihrem Büro auf.

Irgendwann fühlte ich mich von ihr mehr angezogen als von meiner Frau, mit der ich seit nunmehr fast dreißig Jahren verheiratet war – länger jedenfalls, als diese schönste aller Vorzimmerdamen Jahre zählte. Sie konnte praktisch meine Tochter sein. Aber das ist kein Argument, wenn die Hormone ins Blut schießen und das Hirn benebeln.

Jedenfalls kamen wir uns in der »Feuchten Geige« bei Gelegenheit meines 50. Geburtstages näher, als es das Parteistatut und die Dienstvorschrift zuließen. Die Verbindung hielten wir zunächst geheim – nicht nur, weil ich verheiratet war, sondern weil wir befürchteten, dass die Moralapostel des gesamten Ministeriums auf den Plan treten würden. Aber irgendwann war ihr die monatelange Geheimniskrämerei zu viel. Die Arbeit wurde bereits von Konspiration begleitet, nun auch noch das Liebesleben? Das war mindestens einmal zu viel.

Ein Wochenende lang zog sie mit mir und ihrer Tochter durch den Wald und redete auf mich ein. Sie wollte, dass wir klare Verhältnisse schafften und heirateten, was natürlich eine Trennung von meiner Frau nötig machte.

Tage später gingen wir zu unserem Abteilungsleiter.

Wagenbreths Augen verkleinerten sich zu einem Schlitz, als er unsere Offenbarung vernahm. Und nachdem er tief durchgeatmet hatte, wurde er ungewöhnlich laut. »Sagt mal: Habt ihr sie noch alle? Im Ministerium gilt die Aufklärung bereits als Saustall. Werner Stiller – Abteilung XVIII der HVA, abgehauen; die Weibergeschichten vom Chef; die Unterschlagung von Operativgeldern durch Peter Eberlein aus unserer Abteilung, der noch immer im Knast sitzt … Der Minister hat einen solch dicken Hals, wenn es um die moralische Verfassung der Aufklärung geht.« Wagenbreth hob wie zur

Bekräftigung die Hände nach oben, um Mielkes Halsumfang zu demonstrieren. »Und jetzt kommt ihr noch! Da läuft das Fass über.« Er schüttelte entnervt den Kopf. Es sei ihm scheißegal, wer mit wem in die Kiste steige, solange es unter der Bettdecke bliebe. Aber so nicht! Nicht so bekloppt.

»Komm, gibt mir deine Pistole!« Er beugte sich nach unten und holte ein Papier aus einer Schreibtischlade. »Hier ist der von Markus Wolf unterschriebene Befehl über deine Beförderung zum Oberstleutnant. Ich hätte ihn in der kommenden Woche verlesen.« Er fasste mit der zweiten Hand nach dem Papier. Es machte »Ratsch«, und noch einmal »Ratsch«, dann warf Wagenbreth die Schnipsel in den Papierkorb.

»So, und nun gebe ich euch beiden ein paar Tage Bedenkzeit. Nehmt Urlaub oder einen Haushaltstag und denkt über die Konsequenzen nach, wenn ihr dabei bleibt. Aber das verspreche ich dir, Horst, deine Fantasie wird nicht ausreichen, um dir alles auszumalen, was dann kommen wird.«

»Drohst du mir?«

»Nee, ich warne nur und möchte helfen, dass dein Verstand vom Schwanz wieder in den Kopf zurückkehrt.«

Damit waren wir entlassen.

Tage später traf ich zufällig auf der Schönhauser Allee meinen ehemaligen IM »Gärtner«. Wir hatten uns geraume Zeit nicht gesehen, die Verbindung war eingeschlafen, er war für mich uninteressant geworden. Nach zehn Jahren hatte ich ihn an Kollegen Werner Steinführer abgegeben. Dieser Dr. Donath lebte eigentlich in Westberlin bei seiner Mutter und unterhielt dort ein Büro. Er besorgte unserer Abteilung die Westwaren. Für die operative Arbeit wurden Kleidung und andere Accessoires benötigt, wir konnten Kuriere und Instrukteure nicht in Präsent-20-Anzügen und mit Deos aus dem VEB Berlin-Chemie in die Bundesrepublik schicken.

Der Außenhandelskaufmann Dr. Donath besaß in der Greifenhagener Straße eine konspirative Wohnung, das war um die Ecke. Ich folgte seiner Einladung zu einem Schluck bereitwillig, denn meine aktuelle Situation war ein hinlänglicher Grund, sich zu besaufen. Im Laufe des Abends erklärte »Gärtner«, dass er in einer Stunde wieder rüber müsse, ob er mir etwas mitbringen solle. Mir nicht, lallte ich, aber der Liebe meines Lebens. Eine Schallplatte oder Kosmetika wäre nicht schlecht, sie habe nämlich demnächst Geburtstag.

Im Nachgang wurde mir bewusst, dass unsere Begegnung auf der Schönhauser keineswegs so zufällig war, wie sie mir damals erschien. Sie war Teil einer ziemlich komplexen Inszenierung und tauchte später in meiner Kaderakte als Vermerk auf: »27. Februar 1985: Strenger Verweis. Mit Hilfe eines IM ließ er sich Konsumgüter westlicher Produktion beschaffen, um persönliche Bedürfnisse zu befriedigen.«

Was hinter den Kulissen lief und aus welchem Grunde, blieb mir damals gänzlich verborgen. Ich war überrascht und auch wieder nicht, als ich plötzlich in ein geschlossenes Objekt nach Hönow am Rande Berlins gebracht wurde. Man führte mich zu einem alten Oberst, dem ein Auge fehlte. Er war lang und hager und nicht unfreundlich. »Nun erzählen Sie mal, Genosse Kopp.«

Er sei nicht, wie er betonte, von der Hauptabteilung IX, dem Untersuchungsorgan, sondern von der HA II. Den Grund, weshalb die Spionageabwehr in seiner Gestalt auf den Plan trat, verriet er mir nicht.

Die Eltern meiner neuen Freundin arbeiteten im Staatsapparat, allerdings war mir unbekannt, wo genau. Der Vater war, was ich erst später erfuhr, in der MfS-Spitze tätig. In der Geheimdienstlogik nahm die Abwehr offenkundig an, ich hätte mich an dessen Tochter einzig mit der Absicht herangemacht, Zugang zu geheimen Informationen zu erlangen. Ich sagte ja schon: Die Hysterie nach Stiller hatte das ohnehin hypertrophierte Sicherheitsdenken noch abstruser werden lassen.

Die Verbindung kannte ich nicht, erfasste auch nicht, wonach bei mir gesucht wurde. Die Tatsache, dass mich ein Oberst der Abwehr befragte, schien mir bereits reichlich verwunderlich. Was hatte ich mit der Spionageabwehr zu tun?

Ich fragte ihn darum mit allem Recht: »Was?«, nachdem er mich aufgefordert hatte zu erzählen.

»Alles«, sagte er.

Das irritierte mich nun vollends.

»Genosse Oberst, ich verstehe nicht …«

Diese Befragung endete so ergebnislos wie die nachfolgenden Vernehmungen durch die Genossen von der IX. Ich wusste nicht, worauf sie hinauswollten, und mich hielten sie offenbar für besonders listig, weil ich nicht das sagte, was sie vielleicht hören wollten. Das nervte und zermürbte auf Dauer. Ich lag in der Nacht schlaflos und zermarterte mir das Hirn, warum ich mich hier befand. Der Grund dürfte wohl kaum mein Verhältnis zu einer 22 Jahre jüngeren, aber erwachsenen Frau sein. Wir lebten doch nicht im Mittelalter, und im MfS galt das Zölibat nicht, wenngleich wir uns manchmal päpstlicher als der Papst verhielten.

Oder war's doch wegen der Frau? Ich erinnerte mich der Sache mit Oleg Ljalin. Der Major des KGB war in

London im Sommer 1971 übergelaufen und hatte dem britischen Geheimdienst Informationen versprochen, wenn Großbritannien ihm und seiner Sekretärin Irina Tepliakowa Asyl gewähren würden. Er und Irina waren nämlich ein Paar, was sie aus gutem Grund vor der Zentrale geheimhielten, denn Verbindungen dieser Art waren nicht gern gesehen, weil sie – was damit nur bestätigt wurde – ein Risiko darstellten. Als Ljalin betrunken in eine Verkehrskontrolle geriet, trat er die Flucht nach vorn an und verriet über hundert Landsleute. Die britische Regierung forderte Moskau daraufhin auf, binnen zwei Wochen die auf ihrer Liste genannten Sowjetbürger ersatzlos abzuziehen, »da sie durch Spionage das ihnen gewährte Gastrecht missbraucht hätten«. Die *Time* sprach von der »größten Massenausweisung von Diplomaten in der modernen Geschichte«, und die *Bild* höhnte – mit Blick auf Brandts neue Ostpolitik: »Die einen entspannen weiter, die anderen spionieren weiter.«

War es das, was meine Genossen umtrieb? Fürchteten sie, ich könnte mich dünne machen? Saß deshalb Tag und Nacht ein Offizier mit Pistole schweigend in meinem Zimmer und begleitete mich wortlos zur Toilette, wenn ich ein Bedürfnis hatte?

Nach etwa vier, fünf Wochen wurde ich erneut zum einäugigen Oberst gebracht. »Genosse Kopp, wir haben nichts gefunden, was Sie belasten könnte. Sie sind, soweit wir das beurteilen können, frei von Schuld, Sie können gehen. Allerdings«, er machte eine Pause, »was Ihre Dienststelle mit Ihnen macht ...« Er hob abwehrend die Hände. Wäre er Pilatus, würde er gewiss nach einer Wasserschüssel gerufen haben.

Mich freute seine Auskunft dennoch, auch wenn er mir die Antwort auf meine Frage schuldig blieb, worin denn meine – vermutete – Schuld bestanden haben sollte, nach der wochenlang geforscht worden war.

Was in der Abteilung X geschehen würde? Ich wusste es nicht, es war mir auch egal.

Mir wurde ein Mitarbeiter der Spezialabteilung »Disziplinar« von der Hauptabteilung Kader und Schulung als »Betreuer« zur Seite gestellt. Herbert König, ein für die operativ-fachliche Arbeit unbrauchbarer Versager, wie ihn Bohnsack bezeichnete, brachte mich in die Wohnung meiner Freundin. Es wurde mir aufgegeben, diese weder zu verlassen noch Kontakt zur Familie oder Bekannten aufzunehmen.

Zunächst fand ich das insofern amüsant, als ich annahm, mit der Quarantäne wolle man testen, ob unsere Liebe so tief und innig war, dass sie auch das Eingesperrtsein überdauerte. Dass es sich allerdings um eine Art Haft handelte und wir rund um die Uhr observiert wurden, merkten wir erst, als ich mich in der Nacht aus dem Haus stahl und Briefe, die ich an meine Söhne geschrieben hatte, in deren Briefkästen warf. Darin teilte ich ihnen mit, dass ich mich zu einer anderen Frau hingezogen fühle und mich darum von ihrer Mutter trennen wolle, was aber keinerlei Einfluss auf mein Verhältnis zu ihnen habe: Sie blieben immer meine Söhne und ich ihr Vater. Nicht minder unberührt von der aktuellen Entwicklung seien meine politischen Überzeugungen und Haltungen, ich sei und bliebe jener Mensch, den sie kannten.

Dass diese Briefe nie ihre Empfänger erreichten (wodurch mir nachdrücklich meine/unsere Belagerung bewusst wurde), erfuhr ich später. Alle Briefkästen, in die ich meine Post geworfen hatte, waren aufgebrochen und geleert worden, wie mir meine Söhne berichteten.

König sorgte sich rührend um uns. Bohnsack lag mit seiner Einschätzung nicht fern der Realität, wenn er meinte: »In der Rolle des Häschers und Privatdetektivs blühte er auf wie eine Rose im Juni. Sein ihm übertragenes Amt wird von ihm nicht nur mit beruflicher Überzeugung ausgeführt. Sein Eifer grenzt an die Geilheit älterer Zimmerwirtinnen, die an den Türen ihrer Mieter lauschen.« In den Parteiversammlungen wurde König dafür wiederholt scharf kritisiert, einige forderten seine Abberufung und Versetzung. Eines Tages verschwand er. Er sollte aber in der Wendezeit wieder aus dem Nichts auftauchen und bei den Abwicklern des MfS aktiv werden …

König war im Umgang mit uns gewiss nur das Sprachrohr der Kaderabteilung. Allerdings trötete er besonders laut und schräg, zumindest empfanden wir es so. Also eine Heirat sei ausgeschlossen, ließ er uns immer wieder wissen, und als wir sagten, dass wir sie nicht nur wollten, sondern auch heiraten müssten, weil wir inzwischen Nachwuchs erwarteten, sagte er mit einigem Zynismus, dass man Schwangerschaften auch abbrechen könne. Ich war entsetzt. Sodann wurde meine Freundin zur Aussprache vorgeladen, auf der ihr eben dieses nahegelegt wurde, was sie aber ablehnte. Ihr wurde schließlich eine neue Arbeitsstelle im Ministerium zugewiesen: Fortan sollte sie in der für Wirtschaft zuständigen Hauptabteilung XVIII eingesetzt werden, und zwar als Sekretärin des Parteisekretärs in der für das Kfz-Wesen zuständigen Abteilung.

Auch ich wurde nach etwa zweieinhalb Monaten der Untätigkeit zum Kadergespräch einbestellt. Ich sollte nach Suhl versetzt werden und dort in der Abteilung 15 arbeiten. Das lehnte ich ebenso ab wie das Angebot, als

Sicherheitsbeauftragter im Haus der Ministerien in der Leipziger Straße tätig zu werden. Okay, hieß es, dann schicken wir dich als OibE zur Kreisdienststelle Pankow, und dort bearbeitest du in der Stadtverwaltung Ausreiseanträge.

Der Leiter der dortigen Abteilung Inneres war ein ehemaliger Mitarbeiter des MfS. Binnen zwei Tagen bekamen wir einen Termin auf dem Standesamt. Nachdem schon Monate zuvor meine erste Ehe geschieden worden war, konnten wir am 13. November 1985 unsere Beziehung, die unser gemeinsamer Dienstherr versucht hatte zu verhindern, endlich legalisieren.

1986 veranlasste Werner Großmann, der inzwischen Chef der Aufklärung und damit Stellvertreter des Ministers geworden war, dass uns beiden eine Wohnung in Hohenschönhausen zugewiesen wurde. Dort sollten wir zehn Jahre leben. Danach verzogen wir nach Pankow-Wilhelmsruh. Wir wollten, offen gestanden, mal neue Nachbarn haben. Denn in unserem Aufgang lebten noch immer viele der ehemaligen Kollegen.

Allerdings, ich greife vor, ging auch die zweite Ehe in die Brüche. Der Altersunterschied war nicht nur groß, sondern auch Wurzel von Eifersucht. Meine agile Lebensgefährtin hatte ordentliche Arbeit gefunden und nichts von ihrer Attraktivität eingebüßt. Die Schlipsträger umschwirrten sie wie Motten eine Glühbirne, und obgleich ich keinerlei konkreten Anlass hatte, ihr Untreue vorzuwerfen, machte mich diese Tatsache eifersüchtig wie einen Pennäler. Ich fühlte mich gegenüber diesen wohlhabenden, saturierten, studierten Schlipsträgern einfach hilf- und chancenlos. Zudem war ich seit Anfang der 90er Jahre arbeitslos und seit 1998 Altersrentner – der klassische Wendeverlierer.

Dieser Minderwertigkeitskomplex – ein Zug, den ich sonst noch nie an mir bemerkt hatte – führte schließlich dazu, dass wir uns 2003 trennten.

Am 15. Mai 1985 nahm ich meine neue Tätigkeit im Rat des Stadtbezirks im Rathaus Pankow auf. Ich wurde dem Bürgermeister offiziell als neuer Mitarbeiter der Abteilung Innere Angelegenheiten/Ausreise vorgestellt. Nach einer Phase der Einarbeitung sollte ich deren Leitung übernehmen. Die Gründe, weshalb man einen neuen Chef suchte, wurden mir alsbald klar.

Die Abteilung kommandierte ein ehemaliger Feldwebel der NVA, der sich noch immer auf dem Exerzierplatz wähnte. Er führte kurze Gespräche mit den Antragstellern. Mitunter herrschte er sie sogar an. Der Umgangston war nicht eben freundlich, und wer bis dahin noch schwankte, ob er nun die DDR verlassen oder besser bleiben sollte – vor diesem Schreibtisch fiel definitiv die Entscheidung.

Am 16. April 1977 hatte hier – um nur einen prominenten Namen zu nennen – auch Manfred Krug seinen Ausreiseantrag abgegeben. »Nach reiflichem Bedenken«, so hatte er in dem mehrseitigen Schreiben an die Abteilung Innere Angelegenheiten in der Johannes-R.-Becher-Straße 34a/26 formuliert, »beantrage ich für meine Familie und für mich die Ausreise aus der DDR in die BRD, wo meine Mutter und mein Bruder leben«.

Die Ausstattung des Raums im Rathaus, in welchem die Gespräche geführt und die Anträge bearbeitet wurden, war nicht minder katastrophal. Die zehn Mitarbeiter teilten sich die wenigen Schreibtische und ganze zwei Schreibmaschinen. Für mich hatte man zunächst keinen Platz übrig. Ich schaute mir das Ganze eine Weile an, dann marschierte ich zum Bürgermeister, zum KD-Leiter und dann zur Kreisleitung der SED. Ich beschrieb die unsäglichen Zustände mit der Absicht, dass diese abgestellt würden. Die SED-Kreisleitung war die einzige Instanz, wo eine solche Beschwerde Wirkung zeigte, denn aus dem Stadtbezirk Pankow wollten sehr viele weg, es war ein Brennpunkt Berlins, wofür natürlich ursächlich die Kreisleitung der Partei haftete – aus der Sicht des Politbüros. Denn dieses war natürlich nicht dafür verantwortlich, wenn die Menschen über ihre Wohnverhältnisse unzufrieden waren, über ihre materielle Lage, wegen mangelnder Perspektive und dergleichen mehr. Das hatte nichts mit der Gesellschaftspolitik zu tun, sondern nur mit den lokalen Besonderheiten. Und dafür war die Kreisleitung meiner Partei zuständig. Der Bürgermeister konnte es nicht richten, und die Kreisdienststelle des MfS durfte und wollte es auch nicht. Und mit Verlaub: Sie hätte es auch nicht gekonnt, selbst wenn sie es gewollt hätte. Sie war der Kellner, nicht der Koch.

In der Parteikreisleitung hörte man sich meine Ausführungen sehr aufmerksam an, vor allem, als ich auf die Atmosphäre zu sprechen kam. »Dort werden ganz normale Menschen wie Aussätzige behandelt, nur weil sie die DDR verlassen wollen. Natürlich, es ist ein Verlust für uns – sie wurden hier ausgebildet und lassen einen Arbeitsplatz leer zurück, jeder wird uns fehlen. Aber statt um jeden Einzelnen zu kämpfen, mit ihm zu reden und das Problem, das ihn bedrückt, gemeinsam zu erörtern und zu lösen – sofern es lösbar ist –, beziehen sie hier verbale Prügel.«

In der Folge fand eine große Runde mit Genossen der Kreisleitung, dem Bürgermeister und dem KD-Leiter statt. Ich verlangte in meinem Vortrag ordentliche

Räume und ein qualifiziertes Personal, auch fakultatives. Wenn ein Arzt ausreisen möchte, muss mit dem ein Arzt über seine Beweggründe reden, will ein Autor gehen ein Schriftsteller und so weiter. Und unser Personal muss sowohl politisch als auch in seinen Umgangsformen geschult werden. »Wir brauchen außerdem eine ordentliche Struktur und eine vernünftige Aktenführung.« Kurz, hier sollte so gearbeitet werden, wie ich es in der Abteilung X gelernt hatte und es auch gewohnt war.

Wir bekamen zwei neue Räume, ein solides Sekretariat und neue Mitarbeiter – auch jene fachspezifischen, die uns halfen. Nach einem Vierteljahr übernahm ich die Leitung der Abteilung. Ich holte zur Horizonterweiterung und politischen Bildung Experten für Vorträge ins Haus, etwa Botschafter Peter Steglich und den Schriftsteller Herbert Otto. Sukzessive veränderte sich das Klima, und mit dem Abstand von Jahren meine ich, dass das meine glücklichsten Jahre waren. Es befriedigte mich, wenn ich helfen konnte, komplizierte Fälle zu lösen. Da war der Abiturient, dessen Eltern ausreisten, er aber blieb, um zu studieren. Er sollte keinen Studienplatz bekommen, weil jemand fürchtete, dass er, sobald er sein Diplom hätte, einen Antrag auf Familienzusammenführung stellen würde. »Warum sollen wir den noch auf unsere Kosten studieren lassen?«

Woher aber wollten wir wissen, ob es so käme?

Oder es suchte uns Ernst Ulrich Busch auf, der Sohn des Spanienkämpfers, Sängers und Schauspielers Ernst Busch, der 1980 verstorben war. Er wollte ebenfalls ausreisen, aber man ließ ihn nicht. Die Noten und andere Hinterlassenschaften seines Vaters seien nationales Kulturgut, das Haus nicht minder, hieß es zur Begründung der Ablehnung. Ich holte mir Beistand in der Zentrale.

General Gerhard (»Atze«) Niebling marschierte ins Rathaus ein. Niebling leitete seit 1983 die Zentrale Koordinierungsgruppe im Ministerium. Die befasste sich mit den verschiedenen Formen der Übersiedlung in die Bundesrepublik einschließlich der kommerziellen, also Menschenhandel und dazugehörige Bandenkriminalität. Er musste – wie wir auch – also das ausbaden, was die Politik angerichtet und schließlich ans MfS delegiert hatte. (Der kurz vor seinem 71. Geburtstag bei einer Nierenoperation 2003 verstorbene Niebling berichtet auf über 80 Seiten über diesen Job in dem Sammelband »Die Sicherheit. Zur Abwehrarbeit des MfS«.)

Wir berieten im kleinen Kreis über das Busch-Erbe und fanden, Dank Nieblings unorthodoxem Auftritt, für alles eine einvernehmliche Lösung. Nach der »Wende«, als Busch jr. wieder nach Pankow zurückkehrte, kam er ins Rathaus und bedankte sich bei mir für die korrekte Abwicklung seiner Ausreise.

Ende 1988 wechselte ich ins Rote Rathaus. Im Magistrat war man der Meinung, dass meine Dienste an dieser Front dringender als im Stadtbezirk seien. Allerdings erledigte sich diese Tätigkeit im Herbst 1989.

Als die Grenze geöffnet wurde, brauchte man keine Ausreiseanträge mehr und folglich auch keine dafür zuständige Abteilung. Ich kehrte also ins Pankower Rathaus zurück, im Gepäck einen Waschkorb mit Blanko-Reisepässen.

Inzwischen hatte der Stadtbezirksbürgermeister gewechselt, der neue war der Meinung, wir sollten mangels anderer Arbeit die leeren Wohnungen in Pankow erfassen. Dafür bildeten fünf Mitarbeiter aus der Abteilung Ausreise und ich eine Abteilung »Leerstandswohnungen«. Nach einem halben Jahr war auch diese Arbeit getan und zwischenzeitlich, am 6. Mai 1990, auch in Pankow ein neues Kommunalparlament gewählt worden. Martin Federlein (CDU) wurde Stadtrat für Wirtschaft, Finanzen und Wohnungswesen und damit mein neuer Chef (er sollte es bis 2011 bleiben, dann ging er in den Ruhestand). Federlein setzte mich als Leiter der neu gegründeten Abteilung Wohnungswirtschaft ein, schickte mich zum Lernen nach Reinickendorf und an meinem 58. Geburtstag in die Arbeitslosigkeit. Weil: Man würde nunmehr alles umstrukturieren, da fände sich für mich kein Arbeitsplatz.

So schlug ich mich denn bis zum 65. Geburtstag mit Gelegenheitsarbeiten und den üblichen Überbrückungsmaßnahmen durch, denn zu einer Festanstellung kam es nie mehr. Sobald man meine Papiere sah, hob jeder Personalchef sofort die Hände. Ich fegte Turnhallen, riss Ruinen ab, verkaufte Klebebänder und Stahlschränke, machte alles, was zumindest kurzzeitig die entsetzlich langweilende Untätigkeit unterbrach. Neben den Ladungen als Zeuge, die auch für ein wenig Zerstreuung sorgten. Die Bundesrepublik rechnete mit der DDR ab.

Einmal erhielt ich einen Anruf des Bundeskriminalamtes. Ich solle mich zwölf Uhr an der Weltzeituhr auf dem Alexanderplatz einfinden, dort erwarte mich ein Mitarbeiter des BKA, um mich zu befragen.

An der Weltzeituhr?

Ich fand mich zur genannten Stunde und am festgelegten Tag am vorgeschriebenen Ort ein.

Pünktlich zur Minute erschien ein Mann, wies sich aus und erklärte, dass er nur eine Frage habe. Nämlich: »Waren Sie zu der KSZE-Nachfolgekonferenz in Madrid?«

Ich antwortet wahrheitsgemäß mit einem Wort: »Ja.«

»Danke«, sagte der Mann, drehte sich um und ging.

Er hatte mir weder zur Begrüßung noch zur Verabschiedung die Hand gereicht. Vielleicht fürchtete er, von einem Aussätzigen infiziert zu werden.

Niederlagen

Bereits vor dem Untergang der DDR setzte die Jagd auf Mitarbeiter des MfS ein. Im Fokus befand sich auch die Abteilung X. Am 3. November 1993 erhob der Generalbundesanwalt Anklage gegen den ehemaligen Leiter der Abteilung Oberst a. D. Rolf Wagenbreth sowie seine beiden Stellvertreter Oberst a. D. Wolfgang Mutz und Oberst a. D. Rolf Rabe. Ihnen wurde im verquasten Juristendeutsch vorgeworfen, »gemeinschaftlich mit anderen Mitarbeitern des MfS der ehemaligen DDR für den Geheimdienst einer fremden Macht eine geheimdienstliche Tätigkeit gegen die Bundesrepublik Deutschland ausgeübt zu haben, die auf die Mitteilung oder Lieferung von Tatsachen, Gegenständen oder Erkenntnissen gerichtet war«.

Ich geriet, wie andere ehemalige Kollegen auch, erstaunlicherweise nicht auf die Anklagebank. Allerdings bekam ich in jener Zeit Besuch von der Bundesanwaltschaft, und drei Mal wurde ich als Zeuge zu Verfahren vorgeladen. Einmal suchte mich auch ein Mitarbeiter des Bundesamtes für Verfassungsschutz in meiner Wohnung in Pankow auf. Zunächst ging er mir um den Bart. Beim Durchforsten der Unterlagen sei man immer wieder auf meinen Namen gestoßen, und auch einstige meiner von ihnen befragten Kollegen hätten erklärt, dass ich nicht nur die mit Abstand meisten IM, sondern auch die interessantesten Vorgänge der X geführt hätte. Außerdem sei ich Leiter des Referats 3 und Abteilungsparteisekretär gewesen. Ich wisse folglich mehr, als ich als Zeuge in den bereits gelaufenen Verfahren ausgesagt habe. Blablabla … Und dann kam der Verfassungsschützer ziemlich nassforsch und dreist zur Sache, nachdem er mir klar gemacht hatte, dass er das Vorgehen der deutschen Justiz für zu lasch halte und man ganz andere Seiten aufziehen müsse. »Hören Sie zu: Wir wollen von Ihnen die Klarnamen dieser inoffiziellen Mitarbeiter der Ostzonen-Spionage.«

Er legte mir eine Liste mit Namen vor.

Die Ermittlungsbehörden einschließlich der Geheimdienste stocherten also noch immer im Nebel, hieß das.

Die HVA hatte – mit Zustimmung des Runden Tisches – Anfang 1990 die Unterlagen vernichtet. Die später als »Rosenholz-Dateien« bekannten Dokumente sollten erst nach der Jahrtausendwende aus den USA nach Deutschland kommen.

Kein Name auf dieser Liste war mir bekannt. Ich sagte, dass ich nicht mehr wisse, als ich bereits dem Bundesanwalt und dem Bundeskriminalamt gesagt habe, mein Gedächtnis habe sich zudem in der letzten Zeit ein wenig eingetrübt, und drittens sei ich bekanntlich bereits 1985 als OibE aus der Abteilung X ausgeschieden, ich wüsste also nicht, welche Vorgänge danach dort im Einzelnen noch gelaufen seien. Zudem, das sollte er als Geheimdienstler doch wissen, würden nach dem Ausscheiden eines wichtigen Mannes alle Decknamen und Verbindungen geändert werden. Die Brücken in die Vergangenheit würden gleichsam abgebrochen. Oder sei es beim Verfassungsschutz anders?

Der bis dahin förmlich-freundliche Herr vom BfV reagierte gereizt, ließ noch einige abfällige Bemerkungen fallen, die die Grenze zur Drohung touchierten, und verabschiedete sich schließlich sichtlich verärgert. Er hatte nichts in der Hand, womit er mich notfalls hätte erpressen können. Seither habe ich von dort nie wieder etwas gehört, worüber ich nicht traurig bin. Offenkundig hatte sich auch bei seinem Dienstherrn die Feststellung des Bundesverfassungsgerichtes vom 15. Mai 1995 durchgesetzt: »Die Angehörigen der Geheimdienste der DDR hatten – wie die Geheimdienste aller Staaten der Welt – eine nach dem Recht ihres Staates erlaubte und sogar von ihm verlangte Tätigkeit ausgeübt.«

Zudem hatte der Generalbundesanwalt beim Bundesgerichtshof erklärt: »Geheimdienstliche Agententätigkeit verjährt regelmäßig in fünf, spätestens in zehn Jahren; Landesverrat verjährt nach zwanzig Jahren.« In diesem Kontext machte er auch deutlich, welche »Straftatbestände« überhaupt verfolgt wurden:

»1. Das unmittelbar auf die Geheimsphäre des Staates abzielende Delikt des Landesverrats (§ 94 StGB), das als Verbrechen mit Freiheitsstrafe von einem Jahr bis zu 15 Jahren, in besonders schweren Fällen mit lebenslanger Freiheitsstrafe bedroht ist, und

2. die alle sonstigen nachrichtendienstlichen Bestrebungen erfassende geheimdienstliche Agententätigkeit (§ 99 StGB), die mit Geldstrafe oder Freiheitsstrafe bis zu fünf Jahren bedroht ist.«

Und was war »Landesverrat«?

»Landesverrat (§ 94 StGB) begeht, wer einer fremden Macht ein Staatsgeheimnis (§ 93 StGB) verrät. Staatsgeheimnisse sind Informationen, die zum Schutz der äußeren Sicherheit Deutschlands geheimhaltungsbedürftig sind.« Das konnte also schwerlich für DDR-Bürger gelten, denn mit »Deutschland« war die Bundesrepublik gemeint. Und das andere Kriterium war nicht minder fischig. »Der Tatbestand der geheimdienstlichen Agententätigkeit (§ 99 StGB) stellt nicht auf konkreten Verrat ab, sondern erfasst als abstraktes Gefährdungsdelikt jede auf die Beschaffung von Informationen für einen fremden Nachrichtendienst gerichtete Tätigkeit, die deutsche Sicherheitsinteressen beeinträchtigen kann. Geschütztes Rechtsgut ist die äußere Sicherheit Deutschlands im weitesten Sinne.«

Der Generalbundesanwalt räumte ein, dass dies erstens generell schwer feststellbar und nachweisbar sei, und dass zweitens »die strafrechtliche Aufarbeitung der aus der DDR betriebenen Spionage […] eine besondere Aufgabe für den Generalbundesanwalt« gewesen sei.

Das auf der Homepage des Generalbundesanwalts *(https://www.generalbundesanwalt.de/de/spionage.php)* nachzulesende Fazit: »Von 1991 bis 1997 wurden in diesem Zusammenhang gegen 7099 Beschuldigte Ermittlungsverfahren eingeleitet, 4171 Personen waren Bürger der ehemaligen DDR, 2928 Personen Bundesbürger. Nach der Entscheidung des Bundesverfassungsgerichts vom 15. Mai 1995 haben sich DDR-Bürger nicht wegen Spionage strafbar gemacht, wenn sie ausschließlich vom Boden der DDR aus tätig waren. Strafbar blieben eingeschleuste Agenten, Instrukteure und Kuriere. Von solchen wurden 23 DDR-Bürger verurteilt (in zwei Fällen Freiheitsstrafe über zwei Jahre; in 20 Fällen Freiheitsstrafe bis zu zwei Jahren, die zur Bewährung ausgesetzt wurde; in einem Fall Verwarnung mit Strafvorbehalt).

In 1761 Fällen wurden die Verfahren aus Opportunitätserwägungen eingestellt, um den Verhältnismäßigkeitserwägungen des Bundesverfassungsgerichts Rechnung zu tragen.

Von den Bundesbürgern wurden 253 Personen wegen Spionage verurteilt (in 51 Fällen Freiheitsstrafe über zwei Jahre; in 194 Fällen Freiheitsstrafe bis zu zwei Jahren, die regelmäßig zur Bewährung ausgesetzt wurde, in acht Fällen Geldstrafe). 737 Verfahren wurden aus Opportunitätsgesichtspunkten eingestellt, zum Teil gegen Geldauflagen in erheblicher Größenordnung.«

Das eigentliche Ärgernis dabei war die Unterscheidung zwischen Ost- und Westagenten. Der »Zorn« des Rechtsstaats kehrte sich in besonderer Weise und fast ausschließlich gegen Bürger mit BRD-Pass. Dr. Gabriele Gast, die 21 Jahre für die DDR-Aufklärung in der BND-Zentrale in Pullach erfolgreich gearbeitet hatte und dafür zu sechs Jahren und neun Monaten Freiheitsstrafe verurteilt worden war, machte ihren Unmut bei einer Anhörung der PDS-Bundestagsgruppe im März 1995 Luft. Ihr Zorn richtete sich nicht allein gegen die Verletzung des Gleichheitsgebotes, sondern vor allem gegen die Haltung der vornehmlich ostdeutschen Parlamentarier, die ein sogenanntes Schlussgesetz durch den Bundestag bringen wollten. »Hier wird heute über einen Schlussgesetzentwurf debattiert, mit dem – ausweislich der Präambel – ›alle Handlungen, die in Ausübung hoheitlicher Aufgaben sowie in Ausübung einer Dienst- oder Rechtspflicht der DDR erfolgten‹, straffrei gestellt werden sollen«, stellte die einstige Regierungsdirektorin vor den Abgeordneten in Berlin fest. »Wer um Straffreiheit für sein Handeln nachsucht, anerkennt implizit, dass dieses Handeln strafbar, mithin rechtswidrig war. Ich sage noch einmal: Das kann doch nicht Ihr Ernst sein! Ich weiß mich mit zahlreichen Aufklärern einig, dass unser Handeln zwar nach den Gesetzen der eigenen Staatsmacht, der Alt-Bundesrepublik, ein Rechtsbruch und deshalb strafbar war. Wir haben aber nicht auch – oder allein schon deshalb – gegen das Gesetz verstoßen, weil die ›fremde Macht‹, mit der wir zusammenarbeiteten, angeblich ein Unrechtsregime war.

Wenn das Ihre Logik ist – und es ist zumindest die Logik Ihres Gesetzentwurfs –, dann haben Sie kein Recht, in diesem Zusammenhang für die westdeutschen Mitarbeiter der HVA zu sprechen, so sehr dies auch die verdammte Pflicht der PDS als der Rechtsnachfolgerin der SED ist. Aber Sie genügen dieser Pflicht nicht dadurch, dass Sie mit opportunistischen Wendungen Ihren Gesetzentwurf der Mehrheit im Bonner Parlament schmackhaft zu machen suchen. Solches mögen zwar taktische Erwägungen nahelegen. Aber die Taktik greift zu kurz, wenn ihr unveräußerliche Grundpositionen geopfert werden.

Der opportunistische Zweck, der bei der Ausarbeitung dieses Gesetzentwurfs Pate stand, ist mit Händen zu greifen. Man sieht förmlich die bibbernden Hosen bei jenen ehemaligen Amtsträgern der DDR, auf die nun die Prozesslawine der bundesdeutschen Justizmaschinerie zurollt. Meine Damen und Herren, ich möchte Ihnen zurufen: Haben Sie doch den Mut, die Zivilcourage, das Selbstbewusstsein, vor den Schranken eines Gerichts und im Lichte der Öffentlichkeit die Rechtmäßigkeit Ihres Handelns als Staatsbürger und Staatsdiener der DDR zu vertreten, so es sich im Rahmen der DDR-Gesetze vollzog. Sie rennen damit ohnehin offene Türen ein bei der bundesdeutschen Justiz.

So wurde meinen ostdeutschen Mitangeklagten vom Richter ausdrücklich bescheinigt, dass sie nicht *gegen*, sondern *für* ihren Staat gearbeitet haben, gesetzestreu und in Erfüllung ihrer Pflichten. Ich wundere mich noch heute, warum sie nicht spätestens an dieser Stelle den Mut hatten, die ganze Fragwürdigkeit des Verfahrens anzuprangern und die politische Gesinnung, die es hervorbrachte, und warum sie das Urteil, den Schuldausspruch annahmen, selbst wenn er sich im Rahmen einer Bewährungsstrafe hielt? Denn auch die Bewährungsstrafe hat in diesem Justiz-Roulette System, es gilt das Motto: Ein bisschen Anpinkeln soll schon sein, weil es ja stinken muss, aber so recht wehtun soll es freilich nicht!«

Ungeachtet meiner und der Auffassung anderer Zeitgenossen wie auch der Nachwelt über diese Verfahren und Urteile der Justiz, will ich kurz auf das Verfahren gegen meinen ehemaligen Chef und seine beiden Stellvertreter 1993 eingehen.

Die Anklage bediente sich der Papiere eines Verfahrens im Vorjahr, man verwies »auf die Darstellung in der Anklageschrift des Generalbundesanwalts gegen Markus Wolf vom 16. September 1992, insbesondere die dortigen Seiten 61 bis 141«. Somit offenbarte man den inneren Zusammenhang und die politische Intention aller dieser Verfahren gegen Angehörige der HVA.

Der Bundesanwalt ging speziell auf die »aktiven Maßnahmen« ein, ein »operatives Grundprinzip«, dass darin bestanden habe, »vertrauliche oder auch offene Informationen, die auf unterschiedlichsten Wegen aus dem Operationsgebiet gewonnen worden waren, aufbereitet, abgeändert oder auch unverfälscht gezielt in den Westen zurückzuspielen und dort wirken zu lassen. Zu den dabei praktizierten Vorgehensweisen gehörten die Lancierung von Medienbeiträgen, die Verbreitung falscher Dokumente oder inhaltlich verfälschter Texte, Parlamentsanfragen, Herstellung und Verbreitung von Druckerzeugnissen mit ›tragenden Gedanken‹, die zielgerichtete Verbreitung von Versionen und Gerüchten über diplomatische Kanäle und die ›Unterstützung‹ westdeutscher Politiker mit Argumetationshilfen, Zuarbeiten für Veröffentlichungsprojekte und Redebeiträgen.«

Stimmte alles. Nur war vergessen worden zu erwähnen, dass die meisten lancierten Texte keine Lügen enthielten, sondern Wahrheiten über Sachverhalte, die man im Westen nicht kannte oder vorsätzlich unterdrückte – etwa die Nazi-Vergangenheit von Bundespolitikern oder Korruptionsfälle in der kapitalistischen Wirtschaft, die Verflechtung von Politik und Finanzwesen, die Unterstützung verbrecherischer Regimes in der »Dritten Welt« oder der Apartheid in Südafrika, die politischen und wirtschaftlichen Angriffe auf die DDR und ihrer Verbündeten …

»Die Verbreitung der hergestellten Desinformationswerke, ›Gedankenpapiere‹ und ähnlicher Schriften der Abteilung X im Operationsgebiet erfolgte teils über eigene IM (vorwiegend die Referate X/3 und X/4) und Kontaktpersonen, die in Verlagen, Redaktionen oder ähnlichen Schlüsselpositionen in der Bundesrepublik tätig waren.«

Der Generalbundesanwalt listete in seiner Anklageschrift einige Operationen auf (die er offenkundig für *alle* hielt, denn mehr schienen die Ermittler nicht in Erfahrungen gebracht zu haben), etwa unsere Initiative »Generale für den Frieden« zu Beginn der 80er Jahre. Damals begann die NATO mit der Realisierung ihres berüchtigten Nachrüstungsbeschlusses, der die Sowjetunion zu einer weiteren Runde der Hochrüstung und zum Verlassen aller Abrüstungsgespräche verführte. Die DDR unterstützte diesen gefährlichen Kurs nicht, sondern versuchte, eine systemübergreifende »Koalition der Vernunft« zu entwickeln, die eine nukleare Katastrophe abwenden sollte. Das gelang – insofern war und ist es wohl ziemlich unsinnig, Maßnahmen zu diskreditieren, die die Auslöschung der Menschheit verhinderten.

Zu jenen Maßnahmen gehörte die Gewinnung von ehemaligen hochrangigen Militärs der NATO für ein kollektives Engagement für Frieden und Abrüstung. Maßgeblich daran beteiligt war die Auslandsaufklärung der DDR, vornehmlich wir. Die Generale und Admirale aus Großbritannien, Frankreich, Italien, Portugal, Norwegen, Griechenland, den Niederlanden und der Bundesrepublik – erinnert sei an Gert Bastian und Günter Vollmer – bekamen von uns Hintergrundmaterial, Argumente und Textbeiträge über das nukleare Wettrüsten, über die notwendige Rüstungsbegrenzung und Sicherheitspolitik geliefert, die sie dann über Jahre in die Öffentlichkeit trugen. Das führte zu einem Aufschwung der internationalen Friedensbewegung. Was ist daran zu kritisieren oder gar zu verurteilen?

Im Übrigen: Das waren alles gestandene, intelligente Persönlichkeiten und keineswegs Marionetten des MfS. Sie taten selbstbestimmt, was sie für richtig und notwendig hielten – wir halfen ihnen dabei, keineswegs uneigennützig. Auch wir hatten ein existenzielles Interesse daran, dass das Pulverfass, auf dem wir saßen, nicht hochging.

Dass diese »aktive Maßnahme« mit den Generalen in der Agenda der Anklage gegen die Leiter der Abteilung X ganz vorn stand, offenbarte das krude Denken der Ankläger.

Im Weiteren listete die Anklage »Kontaktpersonen und Einflussagenten« unserer Abteilung auf, darunter waren auch einige meiner IM und die von mir geführten Vorgänge. Nach welchem Prinzip diese hier ziemlich willkürlich zusammengewürfelte Gruppe aufgelistet worden war, wird wohl ewig ein Geheimnis des Generalbundesanwalts bleiben.

Die Liste begann mit Dr. Friedhelm Farthmann vom Bundesvorstand der SPD, Fraktionschef im Landtag von NRW, der immer in die DDR zum Jagen fuhr, gefolgt von Klaus Nilius, Pressesprecher der SPD in Schleswig-Holstein und Referent bei Ministerpräsident Engholm: Er wurde zwar nachrichtendienstlich abgeschöpft, aber eine Werbung kam nicht zustande.

Danach erwähnte man Gerd Heidemann und Dr. Thomas Walde, zwei Journalisten beim *Stern*. Wir halfen ihnen im November 1980 bei der Suche nach Hitlers Tagebüchern auf DDR-Territorium – im Gegenzug lancierten sie für uns Kartenmaterial über Raketenstellungen und andere atomare militärische Anlagen der USA auf dem Gebiet der Bundesrepublik. Das sorgte seinerzeit zurecht für Entsetzen und Verstörung in der westdeutschen Öffentlichkeit.

Vermutlich wegen der Ausgewogenheit nannte der Generalbundesanwalt in diesem Kontext gleich einen Redakteur des *Spiegel*. Klaus Mettke sei von der Abteilung X zu bestimmten »Denkansätzen und Gedankengängen« animiert worden, welche dann zu »Hintergrundberichten und Reportagen« im Hamburger Nachrichtenmagazin geführt hätten. Ferner erwähnte die Anklageschrift den Journalisten Willi Rudolf Schelkmann, den wir als »Einflussagenten« aufgebaut hätten. Er hatte, unter Wagenbreths Anleitung, in den 60er Jahren die 14-tägig erscheinende Postille *X-Informationen* herausgegeben, in der Schelkmann selbst schrieb bzw. von unserer Abteilung verfasste Beiträge verbreitete, die für eine realistische Ostpolitik warben.

Der namenlos anklagende Generalbundesanwalt – Alexander von Stahl war im Juni 1993 von der Justizministerin aus dieser Funktion entlassen worden, und sein Nachfolger Kay Nehms sollte erst im Februar 1994 offiziell berufen werden – listete in der Anklageschrift vom 3. November 1993 weiter als IM der X auf: Kurt Hirsch (»Helm«), Schriftsteller in Bayern, den FDP-Politiker William Born, welcher u. a. in dem von ihm und anderen Liberalen in den 70er Jahren herausgegebenen *Pressedienst* zumindest von der X inspirierte Beiträge veröffentlicht haben sollte.

Genannt wurde der Journalist Herbert Siegmar Kloss (»Siegbert«), der für den Kölner Markus-Verlag und die *Deutsche Welle* arbeitete. Kloss war zu Jahresbeginn 1993 vom Oberlandesgericht Düsseldorf bereits zu drei Jahren und sechs Monaten verurteilt worden. Wir hatten IM »Siegbert« systematisch als Experten für den MAD aufgebaut. Wir schlugen ihm vor, im Markus-Verlag ein qualifiziertes Sachbuch über den MAD herauszubringen, um damit in den Kreisen der Militärabwehr Ansehen zu gewinnen, was ihm dort die Türen öffnen würde. Außerdem hätte er auch im Verlag selbst gepunktet, von dem er Anteile erwerben sollte. Perspektivisch hätten wir den Markus-Verlag als dauerhafte »Einflugschneise« nutzen können und wollen – allerdings beendete das Ende der DDR auch diese Option. Mitte der 80er Jahre wurde das Exposé für Kloss' Sachbuch in der DDR-Hauptstadt konzipiert und mit ihm abgestimmt, er bekam von uns Materialien und auch einen Ghostwriter. Nachdem auf diese Weise große Teile des Manuskriptes geschrieben worden waren, wandte sich IM »Siegbert« damit an die Führung des MAD und bat um Unterstützung bei seiner weiteren Arbeit an diesem Werk. Die wurde ihm im Dezember 1985 zugesagt. In der Folgezeit bekam unser Mann offiziell Arbeitskontakte zu etwa zwanzig Offizieren des Militärischen Abschirmdienstes, die er fortan abschöpfte. Damit war unsere Planung aufgegangen.

Mehr hatten der Generalbundesanwalt und seine Terrier offenkundig nicht ausfindig machen können, denn mit Kloss endete seine Aufzählung der inoffiziellen Mitarbeiter unserer Abteilung im Westen. Das war natürlich positiv. Für uns, vor allem aber für die nicht entdeckten IM. Wobei natürlich alle enttarnten Persönlichkeiten, die auf diese Weise an den öffentlichen Pranger gestellt wurden, dort nicht hätten stehen dürfen. Wir haben sie nicht schützen können, was objektiv eine Niederlage bedeutete.

In einem weiteren Abschnitt wandte sich der Generalbundesanwalt in seiner Anklageschrift den von ihm als »legale Dächer« bezeichneten Institutionen und Einrichtungen der DDR zu, die wir als Abteilung X nutzten. Diese hätten »einer Überprüfung auf Seriosität problemlos« standgehalten, weil sie amtlich und damit unverdächtig gewesen seien. Dort hätten vornehmlich OibE, aber auch IM von uns gearbeitet.

Genannt wurden das am Berliner Thälmann-Platz ansässige Presseamt beim Vorsitzenden des Ministerrates, die Abteilung Journalistenreisen des Reisebüros der DDR, die Informationsabteilung des Journalistenverbandes der DDR (VdJ), das Internationale Pressezentrum (IPZ) in der Mohrenstraße, der Pressedienst »Panorama DDR«, die Presseabteilung des Außenministeriums, die

Abteilung Publikumsanalyse im ADN, der staatlichen Nachrichtenagentur der DDR, das Institut für Internationale Politik und Wirtschaft (IPW) »sowie verschiedene Verlage, Hochschuleinrichtungen und staatliche Archive«.

Bei den Archiven hob man das Dokumentationszentrum beim Ministerium des Innern in Potsdam hervor. Dort lagerten Akten von Bedeutung aus der Nazi-Zeit. Diese Einrichtung war verbunden mit dem Archiv der Hauptabteilung IX des MfS, die die wichtigste Institution der DDR bei der Verfolgung von Nazi- und Kriegsverbrechern war. Im Dokumentationszentrum befanden sich mehr als eine Millionen Original-Dossiers aus der Zeit von 1933 bis 1945: Angehörige der NSDAP, der SA und der SS, der Gestapo, der Waffen-SS und Wehrmacht. Diese Archiv-Bestände wurden von der DDR-Justiz bei Ermittlungen, von Historikern für Forschungen und von Journalisten für Recherchen gern und intensiv genutzt. Natürlich auch von jenen der Bundesrepublik. Da es aufgrund des Alleinvertretungsanspruches der Bundesrepublik und später trotz Grundlagenvertrages kein Rechtshilfeabkommen zwischen der BRD und der DDR gab, nutzten Bundesbürger diese Archive als Privatpersonen. Auch Bürger anderer Staaten richteten Forschungsaufträge an das Dokumentationszentrum und wurden, sofern gesuchte Unterlagen existierten, von uns bedient. So hatte man etwa dem westdeutschen Schriftsteller Bernt Engelmann oder Serge und Beate Klarsfeld geholfen, wie der Bundesanwalt monierte.

Im MdI- und im MfS-Archiv fanden die Historiker auch das meiste Material für das in den 60er Jahren von Albert Norden angeregte »Braunbuch der Nazi- und Kriegsverbrecher« oder die den amtierenden Bundespräsidenten Heinrich Lübke belastenden Unterlagen. Lübke hatte beispielsweise als Ingenieur Bauunterlagen für Zwangsarbeiterlager unterzeichnet.

Die Echtheit der Dokumente wurde damals und in der Folgezeit wiederholt angezweifelt oder sie sogar als Fälschung bezeichnet. Das sei DDR-Propaganda. Lübke gehörte zu den vielen Bonner CDU-Spitzenpolitikern, die bereits in der Nazi-Zeit Karriere gemacht hatten. Nachdem er in den 50er Jahren unter Adenauer Bundesminister für Ernährung, Landwirtschaft und Forsten gewesen war, wurde er 1959 – in der Nachfolge des Liberalen Theodor Heuss – zum zweiten Bundespräsidenten der BRD gewählt. Dann fanden wir bei den Recherchen zum »Braunbuch« Dokumente, die Lübke der Mittäterschaft im Nazi-Reich überführten. Lübke war von 1939 bis 1945 Bauleiter des Architektur- und Ingenieurbüros Walter Schlempp, das Albert Speer direkt unterstand (Speer forcierte u. a. den Ausbau von Auschwitz-Birkenau). Als Bauleiter in der Heeresversuchsanstalt Peenemünde – zuständig für die Entwicklung der V 2 – hatte Lübke nicht nur Bauzeichnungen für ein Zwangsarbeiterlager angefertigt, sondern nachweislich auch selbst KZ-Häftlinge für Bauarbeiten in Peenemünde angefordert.

Wir lancierten diese Informationen auf verschiedenen Wegen in westdeutsche Medien, nachdem zuvor das DDR-Fernsehen in einer Dokumentation am 30. Mai 1964, einem Sonntag, auf den Sachverhalt hingewiesen hatte. Das *Neue Deutschland* berichtete anderntags auf der zweiten Seite in einer eher kleineren Meldung: »Deutscher Fernsehfunk enthüllte: Bundespräsident war Nazi-Aktivist. Lübke leitete Rüstungsvorhaben und beutete KZ-Häftlinge aus.« Albert Norden veranlasste, dass die Lübke belastenden Unterlagen – dieser bewarb sich gerade für eine zweite Amtszeit – in der Generalstaatsanwaltschaft der DDR in der Scharnhorststraße 37 (heute Sitz des Bundeswirtschaftsministeriums) von Journalisten eingesehen werden konnten.

Nachdem die Resonanz insbesondere in der Bundesrepublik nicht so groß war wie erhofft, präsentierte Prof. Albert Norden in seiner Funktion als »Mitglied des Präsidiums des Nationalrates und des Politbüros« (*Neues Deutschland* vom 30. Januar 1965) etwa 200 Journalisten des In- und Auslandes die Lübke-Dokumente. Erstmals sah sich nunmehr auch das Bundespräsidialamt zu einer Reaktion veranlasst, Lübke selbst sprach von »konstruierten Anschuldigungen«.

Nationale und internationale Politik — 30. Januar 1965 / ND / Seite 3 B

Bericht von der Pressekonferenz des Nationalrates

Vertrauter der Nazis bei geheimsten Aufgaben heute Bonner Präsident

Aus der Rede Prof. Albert Nordens

Wichtige Figur im gefährlichen Spiel

Organisator wichtiger Rüstungsvorhaben

DDR-Enthüllungen stark beachtet

Akte beteiligte sich Lübke an der Einrichtung des KZ-Lagers Leau, in dem „a) 1000 KZ-Männer, b) 1000 KZ-Frauen, c) 500 Ausländer" zusammengepfercht wurden. Unter Lübkes Leitung wurden diese und die in der Folgezeit von ihm angeforderten Gefangenen bei der Arbeit für Hitlers Kriegsmaschine zu Tode geschunden

Fragen und Antworten

Im Atomminenkomplott

Gehlen wußte alles

Zwei Konzeptionen

Bonn betreibt Heuchelei

Seite aus *Neues Deutschland*, 30. Januar 1965

Ich kann mich gut erinnern, wie wir seinerzeit in unserer Außenstelle in der Schwedter Straße gewirbelt haben, das Thema zu penetrieren, doch wir hatten nicht mit dem Beharrungs- und Beherrschungsvermögen der westdeutschen stockkonservativen Gesellschaft und deren Eliten gerechnet. Sie stellten sich – gleiche Brüder, gleiche Kappen – schützend vor einen der Ihren. Lübke blieb im Amt und erklärte am 14. Oktober 1968 lediglich, dass er bei der bevorstehenden Bundespräsidentenwahl nicht zur Verfügung stehe. Unsere Enthüllungen bei diesem »Amtsverzicht« waren nicht ganz unschuldig. Es war doch ein Skandal erster Ordnung, wenn an der Spitze des Staates ein belasteter Alt-Nazi stand. Das schadete dem Ansehen der Bundesrepublik und damit Deutschlands, denn in der Ulbricht-DDR dachte man durchaus patriotisch.

Umso ärgerlicher, wenn später ehemalige Mitarbeiter der X nach 1990 diese im eigentlichen Wortsinne Aufklärungsarbeit diskreditierten. Oberstleutnant a. D. Günter Bohnsack wurde in der *Welt am Sonntag* am 29. April 2001 mit diesem Satz wiedergegeben: »Die Stasi habe das gegen Lübke vorliegende Material ›ergänzt‹ und ›Verfälschungen‹ ›mit großer Sorgfalt angefertigt‹.« Diese Behauptung (u. a. in dem mit seinem Kollegen Herbert Brehmer verfassten und 1992 erschienenen Buch »Auftrag Irreführung. Wie die Stasi Politik im Westen machte«) wurde jedoch wiederholt als Wichtigtuerei zurückgewiesen (oder handelte es sich bereits um eine »aktive Maßnahme« des aktuellen Brötchengebers von Bohnsack?). So schrieb die *Zeit* am 9. August 2007 auf ihrer Seite 2: »In den sechziger Jahren präsentierte die DDR NS-Akten, die den damaligen Bundespräsidenten Heinrich Lübke schwer belasteten. Diese Dokumente gelten heute als authentisch. Es bleibt allerdings der Verdacht, dass die Stasi die seinerzeit vom *Stern* veröffentlichten Akten durch Hinzufügung von Deckblättern mit der Aufschrift ›Konzentrationslager‹ etwas ›aufgesext‹ hat (*ZEIT* Nr. 30/07).

Dazu teilt uns der *Stern* mit: Die beiden Stasi-Offiziere, die dies nach 1989 behauptet hatten, ›können keinen Beweis für ihre Behauptungen liefern. Vielmehr hat der ehemalige Stasi-Offizier Brehmer schon im August 1994 gegenüber dem *Stern* eingeräumt, dass er und sein Kollege Bohnsack diesen Vorwurf nur vom Hörensagen kennen. Beide waren zu dieser Zeit in anderen Abteilungen des Ministeriums für Staatssicherheit tätig und hatten mit dem Fall Lübke nie etwas zu tun.‹«

Die Anklage gegen Wagenbreth, Mutz und Rabe wurde vom Generalbundesanwalt am 24. November 1995 zurückgenommen und das Verfahren nach § 153c StPO eingestellt.

Epilog

In der DDR-Botschaft in Madrid, in der ich zu Beginn der 80er Jahre Gastrecht genoss, befand sich ein Fahrstuhl. Der begann zu rotieren, wenn er sich nach oben oder nach unten bewegte. Mitunter zwängten wir uns zu viert hinein und fuhren, obgleich es eng und die Luft stickig war, minutenlang auf und ab und besprachen Dinge, die nicht für fremde Ohren bestimmt waren. Denn der Lift war der einzige abhörsichere Raum in der Vertretung. Die Drehung schottete uns ab gegen Richtmikrofone.

Für einen Außenstehenden mag dieser Vorgang so absurd erscheinen wie die ganze Arbeit der Abteilung X. Das ist legitim. Und vielleicht hat der Kritiker auch recht. Geheimdienstarbeit ist nicht unbedingt etwas, was zur Erhebung der Menschheit beiträgt. Sie ist verzichtbar und gehört eigentlich abgeschafft. Letztlich ist sie darauf gerichtet, Menschen und Völker zu kontrollieren, um sie zu beherrschen.

Dennoch stehe ich zu dem, was ich, was die DDR-Aufklärung getan hat. Denn unsere Tätigkeit kann man nicht losgelöst von den Interessen der DDR und ihrer Verbündeten betrachten. Wir wollten nicht andere

Staaten unterwerfen, sondern unsere sichern, weshalb das Ministerium auch so hieß, wie es hieß. Damit ist nicht alles gerechtfertigt und entschuldigt, was in dessen Namen und unter seinem Dach geschehen ist. Aber den Zusammenhang sollte man nicht auflösen. Weil die Existenz des Staates von Anbeginn bedroht war, musste er seine Haut verteidigen, wollte er diese nicht zu Markte tragen. Oder wie es Markus Wolf einmal schrieb: »Wir haben ja nicht gegen Feindbilder operiert. Wir hatten wirkliche Feinde.«

Die Desinformation heute wird gesamtgesellschaftlich als »schwarze Propaganda« betrieben. Indem die Zusammenhänge aufgelöst und die Erscheinung für das Wesen verkauft werden, an der Oberfläche gekratzt statt in die Tiefe gegangen, kurz: systematisch dafür gesorgt wird, dass der Einzelne den Durchblick verliert. Die totale Verwirrung als Herrschaftsinstrument. Die Wissenschaft hat den Begriff »consumer confusion« erfunden. Wenn zum Beispiel ein Kunde in einen Supermarkt geht, um eine elektrische Zahnbürste zu kaufen und dort Hunderte Modelle vorfindet, beginnt er zu vergleichen. Er studiert die Parameter, die sich aber nicht vergleichen lassen, weil jedes Produkt andere Details herausstellt. Nachdem der potenzielle Kunde ein Dutzend und mehr geprüft und betrachtet hat, ist er inzwischen so durcheinander, dass er – weil er sich aufgrund der Vielzahl und wegen der dadurch erzeugten Verwirrung nicht für ein Modell entscheiden kann – entnervt den Laden verlässt.

Die Überforderung der Konsumenten hat Konjunktur und in der Gesellschaftspolitik Methode: Ein Volk von Verwirrten lässt sich einerseits leichter beherrschen. Andererseits besteht die Gefahr, dass die Verwirrten – um der Verwirrung zu entrinnen – Wunderheilern und

Wanderpredigern folgen, die einen vermeintlich kurzen Ausweg anbieten.

Was hat das alles mit meinem früheren Gewerbe zu tun?

Alles und nichts.

Ich denke, dass letztlich unser ganzes Dasein sich auf wenige einfache Wahrheiten zurückführen lässt. Und genau diese gehen in den Fluten der Informationsgesellschaft unter. Indem wir nämlich meinen, alles zu wissen, gerät uns das Wissen abhanden, dass wir eigentlich immer weniger Wesentliches wissen.

Ich kann die Tätigkeit der Abteilung X nicht von der Aufgabe der Aufklärung abstrahieren und diese wiederum nicht vom MfS. Und das MfS kann ich nicht losgelöst von der DDR betrachten und diese wiederum nicht ohne die deutsche Geschichte.

Als Bismarck 1878 die Sozialistengesetze durchsetzte, war das im 1871 geeinten Deutschland die Kampfansage der Herrschenden an die Beherrschten. Diese Frontlinie zieht sich durch die Jahrzehnte bis in die Gegenwart, die kapitalistische Gesellschaft ist sozial gespalten und zerklüftet. Für vierzig Jahre brachen die Beherrschten aus und gaben sich einen Staat, den sie gegen ökonomische, militärische, geheimdienstliche und propagandistische Angriffe verteidigen mussten. Am Ende unterlagen wir. Vielleicht waren wir zu früh, vielleicht waren sie zu stark, vielleicht machten wir zu viele Fehler. Diese Frage ist noch nicht abschließend geklärt.

Das ist Geschichte, doch der Klassenkampf geht weiter, auch wenn er heute nicht mehr so heißt, weil es doch angeblich keine Klassen mehr gibt. Nach 1990 gab es ja auch keinen Kapitalismus mehr, alles war nur noch soziale Marktwirtschaft. Wer das Kind beim Namen nannte, wurde als Ewiggestriger an den propagandistischen Pranger gestellt. Inzwischen spricht man von nichts anderem mehr. Selbst der Papst redet inzwischen vom Kapitalismus und meint zutreffend: »Diese Wirtschaft tötet.« In einem Interview mit der *Süddeutschen Zeitung* vom 13. Juni 2014 ergänzte er: »Damit das System fortbestehen kann, müssen Kriege geführt werden, wie es die großen Imperien immer getan haben. Einen Dritten Weltkrieg kann man jedoch nicht führen, und so greift man eben zu regionalen Kriegen.«

Dieser Zusammenhang war uns damals in der DDR auch ohne Papst bewusst, und daran war unsere Politik ausgerichtet. In diesem Sinne war auch die Abteilung X der Aufklärung aktiv.

»Die schwierigste Turnübung ist immer noch, sich selbst auf den Arm zu nehmen«, sagt man, oder sich, was bislang nur Münchhausen vermochte, am eigenen Schopfe aus dem Sumpf zu ziehen. An dieser Übung, die bitterer Ernst war, sind wir gescheitert. So gesehen ist mein Leben durchaus exemplarisch: Unser Idealismus zerschellte an der Realität, zu der auch die eigene Unvollkommenheit gerechnet werden muss. Zu bereuen aber gibt es nichts. Die Menschen machen ihre eigene Geschichte, meinte schon Marx, aber sie machen sie eben nicht aus freien Stücken, nicht unter selbst gewählten, sondern unter unmittelbar vorgefundenen, gegebenen und überlieferten Umständen.

Der einzige Westdeutsche, der sich nach 1990 tatsächlich für meine Umstände interessierte, war ausgerechnet ein bayerischer Richter. Im Januar 1995 wurde ich als Zeuge nach München geladen, dort saß man über Georg Fleissmann zu Gericht – den einstigen IM »Dürer«, den Rabe und ich 1966 in Prag gemeinsam angeworben hatten. Rabe und Wagenbreth, die ebenfalls in den Zeugenstand gerufen werden sollten, waren nicht erschienen.

Die öffentliche Verhandlung war mehr als gut besucht, man hatte noch zwei Stuhlreihen zusätzlich in den Saal getragen, und soweit ich es überschauen konnte, wohnten mehrheitlich junge Leute der Sitzung bei.

Nach mehr als zehn Jahren sah ich erstmals Fleissmann wieder. Jünger waren wir beide nicht geworden, doch er sah sehr alt aus, um nicht zu sagen: Er war ein gebrochener Mann. Die Ermittlungen und das Verfahren hatten sichtlich Spuren hinterlassen. Wir gingen aufeinander zu und fielen uns in die Arme. So nah wie in diesem Moment waren wir uns damals nie gekommen. Wir waren freundschaftlich miteinander verbunden, das ja, aber körperliche Nähe hatten wir nie gesucht. Das war nun gänzlich anders und mehr als lediglich demonstrative Solidarität füreinander.

Er zitterte: vor Rührung, vor Hilflosigkeit, vor Erregung oder Erschöpfung? Ich weiß es nicht. Doch wir beide spürten einen innigen Moment fester Verbundenheit.

»Ich habe alles erzählt«, flüsterte er in die Umarmung. »Entschuldige.«

»Das ist doch egal«, entgegnete ich. Das meinte ich nicht nur zum Trost. Denn was konnte er schon »verraten« haben, was sie nicht aus den Akten wussten? Ich war ganz gelassen und ruhig. »Du musst dich nicht rechtfertigen, Georg. The war is over.«

In Fleissmanns Augen glaubte ich Dankbarkeit zu erkennen. Wofür? Dass ich es ihm nicht übelnahm, »gesungen« zu haben? Das war doch töricht, hier den Helden zu spielen und dafür in den Knast zu gehen. Die DDR gab es nicht mehr, er konnte sie nicht mehr

Horst Kopp, 2016

verraten und diese nicht mehr für seine Freilassung kämpfen. Und zum Märtyrer taugte IM »Dürer« wahrlich nicht, das hatte ich damals wiederholt in Berlin erklärt. Er trug hinsichtlich seiner Zuverlässigkeit die Note A und war eine unserer Spitzenquellen, aber keine

Kämpfernatur, die sich das Hemd aufgerissen hätte wie der Mann bei Goyas »Erschießung der Aufständischen 1808«.

Der Richter, ein freundlich dreinblickender Mann, bat mich, Platz zu nehmen. Er tat dies mit einer entspannten Geste, keineswegs herrisch, mit einem Anflug von Verwunderung. Er sagte es nicht, aber der Blick verriet mir sein Erstaunen über dieses Wiedersehen: So also gehen ein IM und ein Führungsoffizier des MfS miteinander um? Die müssten sich doch einander spinnefeind sein, schließlich ist der eine daran schuld, dass der andere angeklagt ist.

Nachdem ich zur Person befragt worden war, ging es zur Sache.

»Sagen Sie mal, Herr Kopp, wie lebte man denn so als MfS-Offizier in der DDR?«

»Wie ein normaler Bürger. Ich wohnte zur Miete, war verheiratet, hatte Kinder und einen Garten, ging morgens zur Arbeit und kehrte abends wieder heim, wenn ich nicht auf Dienstreise und unterwegs war.«

Der Richter erkundigte sich nach Details, die Neugier war nicht gespielt, er wollte es wirklich wissen, wie man hinterm Eisernen Vorhang hatte existieren können. Auch meine Versetzung 1985, die ja ein »Sturz« war, interessierte ihn. Vor allem verstand er nicht, warum ich nicht vom Glauben abgefallen war, als man mich in die Wüste nach Pankow geschickt hatte. Der Liebe wegen. Kopfschüttelnd las er in der ihm vorliegenden Akte und hörte sich meine Antworten an.

Im Saal hinter meinem Rücken war es mucksmäuschenstill. Ohne dass es mir bewusst war, erfolgte durch meinen ausführlichen Dialog mit dem vorsitzenden Richter eine seltsame Verwandlung: Aus dem Stasi-

Monster wurde ich in den Augen der Zuschauer ein Mensch. Der Richter entdämonisierte mich. Ob er das von Anfang an vorhatte, vermag ich nicht zu sagen. Aber seine sanften Fragen, seine Seelenforschung provozierten genau dieses Resultat. Der Anlass, weshalb ich als Zeuge geladen worden war, geriet zunehmend aus seinem Blick.

So ging das eine gefühlte Unendlichkeit. Nur der Staatsanwalt war erkennbar ein Scharfmacher. Den interessierte das nicht die Spur. Er bellte seine Fragen in meine Richtung. Sie waren von Vorurteilen und den üblichen Stereotypen durchdrungen, für ihn schien alles klar. Der Richter verzog mokant das Gesicht, und sein entschuldigender Blick sagte mir: Der muss so sein, er ist der Anwalt des Staates, der sich durch Sie betrogen und gedemütigt sieht.

Nach zwei Stunden etwa wurde ich aus dem Zeugenstand entlassen. Fleissmann und ich umarmten uns beim Abschied noch einmal. Toi, toi, toi, sagte ich, und alles Gute.

Das war unsere letzte Begegnung. Fleissmann ist inzwischen verstorben.

Der Richter folgte dem Staatsanwalt nicht und sprach eine Strafe von 22 Monaten aus, die er aber zur Bewährung aussetzte. Georg Fleissmann alias IM »Dürer« verließ wie ich den Gerichtssaal als freier Mann. Ohne Freispruch jedoch. Denn wie sagte Gabriele Gast, die einst in München-Pullach gedient hatte, treffend: »Ein bisschen Anpinkeln soll schon sein, weil es ja stinken muss, aber so recht wehtun soll es freilich nicht!«